近大はマグロだけじゃない!!

Alternative KINDAI
NISHIDO Kojin

西堂行人×TOPs 編

論創社

近大はマグロだけじゃない！　Alternative KINDAI　目次

近畿大学を辞めるにあたって——刊行にかえて

十八年間、お世話になった近畿大学文芸学部を今年度をもって退職いたします。「退職」というと後ろ向きに聞こえるので、わたしはそれを「卒業」と言っています。定年まで、あと五、六年あるのですが、余力のあるところで辞めたいと思っていたので、今がその時機ではないかと考えました。以下、その理由を述べさせていただきます。

十八年間はわたしにとっては十分に長い時間でした。四十代から六十代まで、人生のもっとも充実した時期を近畿大学で過ごしたといっても過言ではありません。その間に実にいろいろなことがありました。教育実践と批評活動の両立、大阪の勤務と関東の自宅との往還。二つの文化圏を行き交うことの差異とダイナミズム。そのいずれもが刺激的であり、この上ない体験だったと思っています。わたしの活動のほぼすべてがそこにありました。

とくに記憶に残っているのは、学生と企画し、実行した三度にわたる芸術フェスティバルです。学生の実行力とパワーに驚嘆しました。三回目の二〇〇五年は「唐十郎フェスティバル」に発展し、それを引き金に二十世紀のレジェンドの一人である、唐十郎氏を客員教授に迎えることができました。とりわけ松本修先生とともに「唐十郎演劇塾」を開講できたこと、二度にわたって東京遠征できたことも楽しい思い出です。二〇一二年には林公子先生とともに、近畿大学で日本演劇学会を開催できたことも大きな成果でした。近年は卒業生の活躍も目に付くようになり、演劇賞の受賞者も出るなど、手応えを十分感じることができました。

近大は近年、マグロ養殖の大成功や、受験者数日本一など、建学以来の絶頂期を迎えています。好調時だからこそ、それに安住することなく、次にチャレンジしてみたいと考えました。そうした折、ある大学から来年に新しく演劇の理論コースをつくりたいので力を貸してもらえないかというお誘いを受けました。それはとても魅力的なプロジェクトでした。やりがいのある仕事に心が動き、次に向かう絶好のタイミングでもあり、わたしは即座に引き受けました。ただし実際に着任するのは一年後、先の見えない昨今、とりわけ文系に風当たりの強いご時世ですから、果たして一年後にわたし自身も含めて、このプロジェクトがどうなっているか、保証はありません。だが一歩前へ出るには、「退路を断つ」べきだと考え、これまでの仕事を整理し、新しい人生へ踏み出すための一年間にしました。仮にプロジェクトが頓挫しても、その時はその時だと覚悟を決めたのです。

わたし自身、批評活動をあと十年ないし十五年は「現役」で続けたいと考えています。そのためにも、ここで一年空白をつくる必要を感じます。自分の都合で身勝手さは重々承知しておりますし、とりわけ舞台芸術専攻や文芸学部の同僚にはご迷惑をおかけしますが、なにとぞご了承ください。

在籍十八年間の軌跡を残そうと、一冊の書物を学生と計画しました。大学は冒険や実験を行なえる可能性に満ちた場所です。わたしが在籍した十八年間にも、さまざまな航跡があり、未発に終わったものの中にも多くの可能性があったことを記録として残しておきたいと考えました。ここ十年ほど、文部科学省や日本政府による大学の管理化は年々、いやましに増大してきたことは否めません。それが本来の教育や大学の存在にいかに影響を及ぼしているか。こうしたことも併せて記しておきたいと思います。

近大の学生は大好きですし、近大には自身のキャリアをアップさせてもらい、育ててもらったことを本当に感謝しています。また大学に在職中、気の置けない友人がたくさんできました。学外で開いている演劇講座などを通じて関西圏に活動の地盤が出来たことも、わたしにとっては掛け替えのない財産です。来年度以降も度々関西圏にはやってきますので、今後とも、よろしくお願いいいたします。

西堂行人

二〇一六年一月

第Ⅰ部

Alternative KINDAI

近畿大学、18年の軌跡

序章　この本を作る理由

＊なぜこのタイトルに決めたのか

――なぜこの本を作ろうと思ったのですか。「近大はマグロだけじゃない！」ってちょっと刺激的なタイトルですけど。

西堂　理由は二つある。五月頃、新聞を読んでいたら、文科省が「これから文系のあり方を見直し、理系を推進していく」という内容の記事が目に止まった。「あれっ」と思ったんだ。そうなると芸術系の大学や学部は真っ先につぶされていくなあって危機感を感じてね。その時ふと思ったのは、「近大って、もしかしたら文科省が考えている理想的な大学なんじゃないか」。近年有名になったマグロの完全養殖っていうのは、要するに理系の研究が産業に結び付いた最高の成功例じゃないか、と。文科省が考えている「役に立つ学問」の典型が近大マグロにあるとすれば、そのお膝元に僕らはいるわけだ。だったら近大マグロに対して、近大の中で芸術系の学科はどんな存在感を示すことが出来るか。そう考えて、近大はマグロだけじゃないってことを主張する本を作ろうと考えた。それが副題にある「オルタナティヴ・キンダイ」だ。

もう一つは、舞台芸術は何を学んでいるのか、教師は何を教えられるのか、その「教育」という問題を考えてみたかった。文系は、経済や心理学を除けば、概して直接役に立つ学問ではない。そもそも文化や芸術は、「非実用的」な領域だ。もっと言えば、「教養」というもの自体が「実用」とは対極にある。近大も教養学部が解体されて久しい（二〇〇一年）。とすれば、産業と無縁なものが文系ではないか。だったらなくせばいいか、というと、学問の基礎研究を担うのが文系でもある。近大の農学部の水産学科にしても、マグロの完全養殖に成功するのに悠に三十年かかっている。そのたゆまぬ研鑽の末に今日の成果があるわけで、本当は基礎研究の重要さを見直す良い例が「近大マグロ」ではないか。

舞台芸術は就職に結びつきにくいけど、一つ当たれば、話題性も大きいし、華やかさや情報発信力も相当なものだ。産業化とは違った回路で、つまりオルタナティヴな方向で、舞台芸術専攻の潜在力をもっと発信したい。

これが本を作ろうとした二つの道筋だった。

＊授業は誰のものか

――教育がこの本のもう一つの軸なんですね。

西堂　従来の授業は、教師が課題を与えて学生がそれに答え、それを教師が評価してそれで終わりというパターンだった。だが、それだけでいいんだろうか。本当にそれで学生は面白がり、満足しているのだろうか。それより学生が自分でテーマを見つけて、それを教師が脇でサポートしていく方がずっと実りがあるんじゃないか。〝与える〟〝答える〟、あるいは〝教える〟〝学ぶ〟という関係を、なんとか突破できないものか。それをこの「ＴＯＰ演習」の授業で実践してみたかった。

そこで僕が思い出したのは、里見実さんというラテンアメリカの研究者との対談だ。（「空間のドラマトゥルギー」現代詩手帖、九六年）「授業は誰のものか」という問いに対して里見さんはこう言った。「それは学生がその時間に自分の頭の中で考えたことが授業の内実なのだ」と。普通教師は、レジュメを作ってそれを順々に解説していき、分かり易くて内容の濃い「完成度の高い授業」を目指す。でも学生はそれをそのまま受け止めているわけではなく、せいぜい三割ぐらいしか聞いていない。むしろその時に教師が発した一つの単語から自由に連想して、授業と関係のないことに考えを巡らしているかもしれない。それも授業の内実なんじゃないか、と里見さんは考える。だから完成度を「目指さない」っていう方向が教師として大事な肝じゃないか。そういうことを考えた時に教師はなるべくいろんな情報だとか考えるヒントを提示するだけで、答えを出さないということが重要になる。むしろ疑問だとか、「ちょっとよくわからないな」という感想が生まれるような授業の方がかえっていいんじゃないか。でもそれはなかなか教師として怖いことなんだ。

――それは何故？

西堂　舞台も同じじゃない？　舞台を観ている側と創る側の関係も相似形だと思う。舞台を創る側は観客にきちんとした内容を提示して、テーマをわかってもらえる関係で進んでいくと、うまくいってるように思える。でもそれって、結局観客は受け身になって、上（舞台）から下（観客）にメッセージや意味が伝達される近代的な関係と同じなんだ。授業も舞台も同じ問題を抱えている。その時、舞台を空白にしたり、授業を空白にして、観客なり学生なりが自分たちで何か行動し、発見していく、そういう授業ができないか、と考えた。はっきりこうなんだ！　ああわかった！　というような授業じゃなくて、なるべくもたもた進めながら、なんだろうこの授業は、この先生何したいんだろうっていうような疑問が生じてくるような授業を目指してみた。学生がその場で何か考えるような材料は僕の方で提示するけど、後はそちらで解決してよ、という投げ出し方。とくに前期に扱っていたのは、近畿大学のことや舞台芸術専攻、つまり自分たち自身のこと。そんなことを考えていたら、結果として、ＴＯＰ演習の授業でたどり着いたのが、本を作ってみようかってこと。まあこれも実は僕が提案しちゃったんだけど（笑）、ある時にふっと思いついちゃったんだ。ああこういう内容のことを本にしてみたらいいんじゃないかな、って。でもそれは学生との阿吽の呼吸だったと思うよ。

それがすべての始まりだった。

第一章　一九九八〜二〇〇一　近大との出会い――批評活動との併走

＊なぜ近大に来たのか

――西堂先生が近畿大学文芸学部に来られたのはどういう経緯だったのですか？

西堂　当時、教授だった劇作家の太田省吾さんに声をかけられたからだ。隔週ぐらいで非常勤で来ませんかというお誘いだった。当時僕は東京で非常勤講師を二つくらいやっていたけど、関西に通うのは魅力的な話だし、近大の演劇・芸能専攻は太田さんが四年前に行かれて話題になっていたので二つ返事でＯＫした。他ならぬ太田さんからの依頼なので、断るなんて考えもしなかった。そうしたら一二月頃になって、「毎週来られるなら常勤になりますよ」って。さすがに驚いて、後で事情を知ったのだが、演劇理論の先生が体調を悪くされて突然辞任され、その欠員を埋めてくれないかということだった。正直、毎週通うのは大変だなぁと思ったけど

ＯＫしたのは、なんとなく縁を感じたから。それが近大に来るきっかけだった。あれよあれよという感じで決まったのだけど、今でもあの時の決断は間違っていなかったと思っている。

――近大の教員になる前は何をしていたのですか？

西堂　フリーで批評活動をしたり、出版の編集の仕事もしていたけど、まさか大学の先生になるなんて思ってもみなかった。しかもそこで十八年も務めるなんて！（笑）

＊初期の近大勤務

――それで一九九八年に常勤の先生になられたわけですね。

西堂　それ以前の六年前から早稲田大学とか女子大などで演劇の授業はやってはいたから、教育についてはそれなりの蓄積はあった。いきなり専任教員になったわけじゃなかったから、それほど戸惑いはなかったけど、近大に来た初期の頃は想定していたものとずいぶんギャップがあった。だいたいみんなそうだけど、僕も最初の三ヵ月ぐらいで辞めたくなった（笑）。

――なぜ辞めたいと？

西堂　近大に来る前から大学や学生とは接していたから、ある程度実態は知っていた。だけど、近大は演劇を専門に学ぶ専攻だから、初めて授業をやった時、結構緊張した。下手なこと言ったら突っこまれるんじゃないかと思って気合い入れて授業に臨んだ。そうしたら愕然とした。

学生は全然演劇の知識がない。モチベーションも低いし、演劇について探究したいと思っている学生はほんの一握りで、大半はなんとなく学校に来てるみたいな感じだった。だから最初の一年目は本当にきつかった。もう辞めたくて仕方がなかった。あと何ヵ月頑張ればいい、あと何週間で夏休みだ、みたいな感じで指折り数えながら過ごしていた（笑）。

――そこらへんは学生と一緒なんですね（笑）。

西堂　座学は本当にナメられていると思った。授業やってても平気で立って話しているし、中学の学級崩壊と似たり寄ったりだった。一度切れて「酷すぎる！」て言って途中で教室を出て行ったこともあった（笑）。たった一度きりだったけど。確かに、座学のレベルは低かったと思う。僕の前の世界演劇史は太田さんが受け持たれていたんだけど、『オィディプス王』や『桜の園』、ベケットなど太田さんが読んでいた戯曲を切れ切れに教えていたようで、体系的に演劇史を教えていたわけではなかった。それで僕が目次をつくって太田さんに提出したら、「そうか、こういう風にやればいいのか。君がやった方がいいね」と言って、最初から僕の担当科目になった。現場の劇作家が捉える演劇史もいいけど、基幹科目の演劇史は専門的にやらないとまずいと思った。

ただ、学生と付き合っているうちに、必ずしも学生は何も考えていないわけじゃないってことがだんだん分かってきた。学生の反応が出てくるには、少し時間がかかるんだ。打てば響くって関係より、深く潜行して、ある日ポッと出てくる。それまでこちらも、待ってなくてはいけない。そういうことに気づいたのは、一年くらい経ってからだね。

＊批評活動をめぐって

――西堂先生は大学だけでなく、演劇批評家としても活動されていますが。

西堂 その頃僕がどういう演劇活動をしていたかというと、一つは前年（一九九七）に開場したばかりの世田谷パブリックシアターでの仕事が多かった。「舞台芸術のクリティック」という劇評講座を始め、これが盛況だった。学芸の協力をして、いろいろシンポジウムや講座の企画もやったし、理論雑誌「ＰＴ」の編集長もやっていた。当時、芸術監督の佐藤信さんを中心に、いちばん精力的に活動していたのがこの劇場だった。批評家が公共劇場に積極的に関わるという点も、新しい体験だった。残念ながらこの活動は五年で終わってしまった。芸術監督が交代（野村萬斎）したため、体制が変わってしまったからだ。新体制になると、雑誌「ＰＴ」も打ち切られ、学芸が企画したシンポジウムや劇評講座もずいぶん頑張ってやったつもりだったけど、あまり評価がされなかったね。もっとも二年目以降は近大に来ていたから、それほど深く関われなくなったけど。

太田省吾さんのフェスティバルが九八年に湘南台市民シアターと世田谷パブリックシアター

を中心に開催されて、水戸芸術館でのシンポジウムに参加したりと関わりは深かった。九八年から二〇〇〇年にかけては、ドイツの劇作家のハイナー・ミュラーと格闘しながら、批評活動と研究を平行させせて、バランスよくやれてたんじゃないかな。

大阪に来ることのモチベーションの一つに、松本雄吉と維新派の存在が大きかった。彼の舞台を身近で見られることは東京にはない特権だし、真っ先に会いに行ったのも松本さんだった。それで初年（九八年）度に松本雄吉を授業で呼んで対話をしている。大学っていう場はこういうメリットがあるなぁ（笑）と思った。それからもう一つ、この時期に活発だったのは、京都のアトリエ劇研。あそこで九八年から九九年にかけて「アトリエ劇研演劇祭」っていうのが開催された。翌年から近大に（講師として）やってくる鈴江俊郎さんと松田正隆さんが中心になったフェスティバルで、これにも審査などで積極的に関わっていた。この時期は、太田省吾と松本雄吉、アトリエ劇研、それとハイナー・ミュラーに没頭していたね。

―― その頃、批評家として世界デビューされていますね。

西堂　二〇〇一年にモントリオールで演劇批評家の世界会議があって、僕は初めて参加した。そこで英語で口頭発表して、これが当時の会長だったフランスのジョルジュ・バニュ氏に大変高く評価してもらった。彼は最後の総括で、今回の三〇人のスピーチの中で日本とロシアが最大の収穫だったと言ってくれた。翌日、バニュさんに会った時、「ニシドウさんの本を是非フランス語で出版したい」と言ってくれた時は、正直うれしかったね。それはいまだ実現してないけどね（笑）。ただ自分のやっていることは世界に通じるんだと自信を持つことができた。

実はその原稿（「テクストの変容」英語では、〝Deconstructing Text〟）のもとは、大学の授業でやっていたことなんだ。授業で喋ったことを原稿化して雑誌に載せ、それを翻訳したのが、このスピーチ原稿だった。つまり世界的なレベルの授業をやってたことになる。たぶん学生は気づいてくれなかったけどね（笑）。

＊九・一一テロ

西堂　二〇〇一年九月はエジプトのカイロで行なわれた「実験演劇祭」に招待された。この時は公演ビデオを見せながら、「日本の実験演劇」という発表をした。まあこれも授業でやってきたことだったけど。そんな感じで一九九八〜二〇〇一年にかけては、海外に出る機会が多かった。他はロンドンにも行ったかな。

このエジプトの実験演劇祭は印象深かった。世界中から批評家や演出家たちが集まって三日間のコンフェランス（会議）をやるんだけど、一日目はヨーロッパ圏、二日目がアメリカとアジア、で三日目はアラブのシンポジウムをやるわけ。ところが三日目になると、ヨーロッパ勢はみんな出てこないんだよ。バカンスでピラミッドを見に行っちゃった！　その時にわかったね。ヨーロッパ人は完全にアラブを軽視している。高級ホテルを用意してもらって招待されているのに、アラブの演劇にまるで関心を示さない。その時、世界の中でのアラブの立ち位置がよくわかった。その一週間後だよ、九・一一のニューヨークの貿易センターでのテロがあったのは。アラブ人が欧米に対して一撃食らわせた。その根源的な怒りの意味っていうのをエジプトのカイロに行って、肌で感じた。ああこういう風に世界って動いてるんだ、とね。

もちろん人命が失われるのはよくないけれど、やっぱりそうなるべくしてなったんだなって。そのことがストンとわかった。君たちはこの九・一一に関して何か考えはある？

――そうですね……この前『ものすごくうるさくてありえないほど近い』（スティーブン・ダルドリー Stephen Daldry 監督）っていう映画を見たんです。九・一一でお父さんを亡くして、その悲しみをどうやって乗り越えるかっていう話なんですけど。九・一一についての映画でアメリカ人の話は出てきてもアラブ人の話は出てこないなあという感想がありましたね。

西堂 そうだね。例えば阪神淡路大震災の時（一九九五）はみんなわが身のこととして考えた。自分の身近な人が亡くなったり、被害にあったりして。でもそれがアラブのこととなるととたんに遠くなっちゃって、ピンと来なくなる。そこら辺をもう少し想像力で埋められないかなぁって思う。僕はたまたまエジプトに行っていて、アラブ人と接してたし、議論をしてきたので、いろいろなことがわかったし、親しくなった。すごく面白かったのは、彼らアラブ演劇人は非常に論争的で鋭く欧米批判をしている（笑）。そういう批判を彼ら（欧米人）は聞きたくないっていう面もあるんだろう。とくにレバノン人やシリア人は舌鋒鋭かったね。そして九・一一っていうものが世界を一つに繋げた。その後、アメリカの猛烈なアラブ攻勢が始まっていく。それから「帝国」っていう言葉が徐々にリアリティを帯びていった。

もともとこの言葉は、アントニオ・ネグリというイタリアの哲学者とマイケル・ハートの共著『帝国』（二〇〇〇年、邦訳は二〇〇三年、以文社）から来る。世界の新秩序を記した大著だね。「グローバリゼーション」という言葉が流行するのと同調している。

僕は近大にいながら学生と付き合い、海外の体験もいっぱい話した。劇評家というのは、旅しながら、世界のあちらこちらの情報を伝える冒険家みたいなものだよ。

このころ結構いろんな人を大学に呼んでいた。授業枠でA館三〇一教室を使って、対談形式で。坂手洋二とか、呉泰錫（オ・テソク）っていう韓国の唐十郎に当たる劇作家も呼んだ。

＊韓国演劇との交流

――　先生はこのころから韓国とつながりがあったのですか？

西堂　韓国とのつながりっていうのは、さかのぼると一九九〇年ぐらいから徐々に始まって、本格的になってきたのが二〇〇〇年あたりだね。この年に「日韓演劇交流センター」が起ち上がって、日本と韓国のお互いの作品の翻訳を東京とソウルで交互にリーディングをやるという企画が始まった。最初が〇二年の東京でそれから毎年やっていて、日本でもう七回やっている。

韓国との付き合い方を身近に感じてきたのは、近大に来たことが大きかった。鶴橋にはコリアンタウンがあって、東京にいるよりは大阪にいる方がよほど「韓国」を身近に感じられた。二〇〇一年に向こうでシンポジウムに呼ばれた時、近大生に、「ついて来るか?」って聞いたら、たちどころに七、八人集まって、本当に連れていったよ。近大の学生は韓国に行くことになんの抵抗もなく、打てば響くような感じだった。

この頃、僕は学生をよく旅行に連れて行ってた。「卒論合宿」と称して、維新派の犬島公演とか。そういう自由さが近大に来た初期の頃にはあったね。学生の方も気軽に行くよ、という感じで。暇だったのかな? それと(学生が)今よりお金の余裕があったね。今は学生は非常にタイトなスケジュールを組んでいるようだけど、あの頃は授業終わりに声をかけると四、五人はついてきた。狙ってくる奴もいたね。大学を出ようとすると、門の前で待ち構えている(笑)。今でも覚えているけど、そいつは八期生のツカタ君といって、今は刈馬カオスというペンネームで、二年前に劇作家協会の新人賞をとった。ツカタ君は授業に出ないくせに門の前をうろうろして、声をかけられるのを待っている。そういう学生が結構いたね。今は出席率は上がったけど、授業の後に待ち構えている学生はいなくなった。

よく学生とガスト会議っていうのをやっていた。近くのファミレスに夕方から行って、最初の二時間はウォーミングアップとしてサッカーの話をする。その後二時間くらい演劇の話をじっくりする。それで最後の一時間はサッカー用語を使って演劇論を展開する。いつのまにかサッカー用語が演劇を論じるタームになっていた。結構高度な話だったけど、僕と付き合うためにサッカーを覚えるという風潮もあったね。大体一回につき五時間はガストにいた。それくらい学生も暇だったし僕も暇だった。当時は講師だったから会議にも出なかったし、授業だけやっていればよかった。

この頃、東京新聞に「大波小波」っていう有名なコラムがあって、そこに近畿大文芸学部のことが書かれたことがあった。後藤明生という小説家が学部長をやっていた頃で、近大の文芸学部は東京から物書きを集めている学部で、文芸批評家は近大の助教授に呼ばれるのが名誉だ、という記事だった。これは僕が近大に来る前だったかな？　教師と言うより評論家や芸術家を集めて、学部の風通しをよくする。僕が入った九八年に一緒に就任したのが島田雅彦、そのちょっと後に奥泉光、というように東京から呼んで通わせるわけ。代わりに雑務はやらなくてよかった。そんなことが許されるのが文芸学部だった。だから僕が入った頃には有名な講師がたくさんいたね。歌人の塚本邦雄さんは七〇歳越えて授業をやってたし、書家の榊莫山さんもいた。聞くところによると、「死ぬまでいてくださいよ」ということだった。中上健次も亡くなる一年半ほど、演劇・芸能専攻で教鞭をとっていた。『十九歳の地図』で卒公もやっている。

＊多彩な教師陣と卒論のこと

――同じ専攻に神澤和夫先生なんかもいらっしゃった？

西堂　神澤さんは関西の舞踊界のドンだった人で、『20世紀の舞踊』という研究書も出していた。実はこの本は僕が編集した。だから神澤さんのことはだいぶ前から知っていた。

近畿大学は「スポーツ大学」のイメージが強く、そのイメージを払拭するために文芸学部を創設したといういきさつがある。文系の学部を作れば女子学生が増えて、男子系大学のバンカラ風イメージは多少薄まるだろうという思惑だったようだ。近大総長の世耕政隆は参議院議員だったけど、もともと詩人で、芸術に理解があった。彼の肝煎りで文芸学部が創設されたわけだけど、その際、関西のその方面の著名人たちを集めた。文化や芸術の拠点を創りたいというのが世耕さんの夢だったんだろうね。文芸学部は特別な場所だった。

それまでの近大は、モデルが日大だったから、医学部も作ったし、日大芸術学部に対抗するために文芸学部も作った。その頃、「超ジャンル」というキャッチフレーズが指針になっていた。後藤明生さんがそれを基に、文化、文学、芸術を超えた何か……教員たちがジャンルを超えた研究の出来る場所を作りたい、それが文芸学部の理念だった。

――昔の方が余裕があったというか、教員が活発に研究できる環境が整っていた気がします。いろんな人材が集まっていたんですね。

西堂　だいぶ変わったね。加えて、今は東京から通うことが出来なくなっている。僕や松本修先生が最後の世代で、今、採用の条件に関西在住が入っている。

――それはどうしてですか？

西堂　大学に張りついて学生の面倒を見ろってことなんだろうね。何か事が起こったらすぐ駆けつけることが出来なくちゃいけない、とね。要するに高校教師化しているわけだ。管理とセキュリティ重視だ。その結果、「フツーの大学」になってしまった。

単純に、昔は今と比べて雑務が少なかった。学生集めのために高校訪問なんてなかったし、受験生集めで「高校生のための講座」なんてやらなかった。オープンキャンパスがこんなに活発になったのは、ここ十年くらいだよ。

とにかく昔は学生と教師の間の垣根が低かった。ガスト会議なんかは、言ってみればお互い（演劇を）探り合ってたわけだよ。例えばハイナー・ミュラーという作家を巡って、いろいろ議論しているような場が近場のファミレスで生まれていた。学校の中だけでなく外へ行ってもそういうことができるし、外に劇を観に行くことも今よりも頻繁に行なわれていた。もっとも引率していたのは僕だけかもしれないけどね（笑）。

毎年恒例にしていたのは「新世界ツアー」。これはよくやったね。日本橋駅から始まって、近大会館、黒門市場、電気街を通って、通天閣、ここでいったん自由行動にして、再集合後はジャンジャン横丁からガードを潜って、西成地区まで行き、三回生くらいになると、三角公園や飛田新地まで足を伸ばしていた。最後に大衆演劇の小屋に入って、歌謡ショーなんかを見て解散。卒業生には、「ディープな大阪を見せてもらって、在学中一番の思い出です」とよく言われた。

――その頃に大学におられた先生は、太田省吾さん、碓井節子さん、林公子さん……。

西堂 それと石堂淑朗さん。この人はシナリオライターで、大島渚の映画のシナリオなんかを書いていた。石堂さんは巨魁で、学生に性の教育をしていたね。人間の生き方の基本を教えていた。あと菊川徳之助さんは新劇系の演出家。それに大橋也寸さん。この先生は盛先生の前任者でルコック・システムを日本で最初に導入した人。今は名誉教授になっている。もともと女性の演出家としては草分け的存在で、桐朋学園大学では安部公房の近傍にいて、前衛劇を教えていた。近大に文芸学部が創設される時に主任教員として呼ばれたのが大橋先生だった。で、僕が入った頃は大橋さんが「女帝」だった。学生も大橋さんに認められないと舞台に出られない。「あんた卒公に出られないから卒論に行きなさい」なんて平気で言っている先生だった。演技の出来ない学生は卒論に行け！という非常に差別的な時代（笑）。彼女に認められないと近大には居場所がなかった……神澤先生もそうだったけど、いい意味でも悪い意味でも非常に威厳のある先生が揃っていた。今はそういう先生はいないか（笑）。

でも多彩な顔ぶれだった。その中で太田さんは芸術家としては優れていたけど、専攻内では大橋さんの下に見られていた。太田さんは僕を近大に呼んで、すぐに辞めてしまったわけだけど、そのことについては、もう時効だろうから言ってしまおうか。京都造形芸術大学は新しい学科を作るにあたって太田さんに声をかけていた。しかも人事権も含めた全権委任。組織者にとって人事権を持つというのは相当大きな権限だよ。近大では大橋さんがいて少々息苦しかったけど、京都造形大学にいけばトップに立って思う存分やれる。入試に関してももっと新しい制度を取り入れたいとも言っていた。教員も、通年で通うのではなく、年度を前期・後期に分けて、そのどちらかに大学に通ってもらえればいいと考えていた。前期だけ学校に集中して、後期は自分の創作活動に専念してもらう。

――太田さんは近大を辞めた後は、京都におられたわけですね。

西堂　そうだね。九九年に近大を辞めた太田さんは、一年休んで二〇〇〇年に京都造形芸術大学に……そうだ、その前に太田さんが、実は僕の研究室を訪ねているんだ。

――それはどうして？

西堂　一二月頃、突然僕の研究室を訪ねてきた太田さんは、「今度京都造形大学に行くので準備を進めているけど、実はあんまりうまくいってない。肝心の理論のポストが埋まっていない。それであなたが欲しい」と言われた。男に「あなたが欲しい」なんて言われたの初めてだったよ（笑）。でも僕は、いくら何でも一年で近大を去るのはマズいだろうと考えて、五年経ったらそちらの大学へ移ってもいいですよ、と答えた。太田さんから近大に呼ばれた際に、最低五年はいようと決めていたからね。その時、僕は太田さんの申し出を断った。そのお蔭で、今君たちとここにいるってわけだ。魅力のある話だったし、なにより太田さんの申し出だったけど、結果として断ったのは今でも正解だと思っている。

太田さんが辞めてから、僕が卒論の担当になった。その時から『近大演劇』という卒業論集を作るようになった。初めは卒論の担当が僕一人で、担当した初めの年は卒論を書く学生が一七人もいた。

扱いが格下だった卒論に何故一七人も集まったか……。これ話していいか分からないけど、その年に大橋女帝の時代が終わったんだよ。辞めたわけじゃない、権力を失ったんだ。この年、彼女が目をかけていた学生たちがみんな卒公をボイコットして卒論に来ちゃった。デス電所の竹内佑君とか、他の劇団員たちも卒公に出なかった。それで卒公は五人だけだった。その時に女帝の権威が初めて揺らいだ。今から思えば、この時に大変なクーデターが起こっていたんだ（笑）。

何故卒公に出なかったかというと、彼らはその時期に劇団で「キャンパス・カップ」に出たかったんだが、大橋さんには「キャンパス・カップに出るなら卒公には出られない」と釘を刺されたようだ。それで彼らは卒公を止めてキャンパス・カップを選んだ。それに優勝して、劇団としては弾みが出たけど、彼らにとっては恩師を裏切ることに内心忸怩たるものがあったんじゃないかな。大橋さんも同様だったと思う。この年の卒公はアガタ・クリストフ作の『悪童日記』で、少人数だったけど精度の高いものだった。それを観た竹内君は「(自分たちも)もっと掘り下げた芝居をやらなくちゃいけない」と僕に言っていたのを覚えている。

――その時の卒論はいかがでしたか?

西堂　面白かったね。その時、ようやく僕は学生に「出会った」という気持ちになった。論文として成立するかと言われれば怪しいものもあったが、一人一人の生きざまのようなものが率直に書かれていた。例えば、母親と確執のあった女子学生は、「なぜ私は大学生活の間、母親役を演じていたのか」について書いた。自分を素材にして卒論を書いたんだね。論文として成り立つかどうか分らない「私論文」みたいだけど、読み物としては抜群に面白かった。それで学生もいろいろ思い悩んでいるんだ、とパイプが繋がった気がした。近大に来た当初抱いていた疑念が少し晴れたね。

僕がこの『近大演劇』を太田さんに渡した時、太田さんからコメントをもらった。「西堂さん、論文の水準、上げたね」と。今まで演技のできない学生が論文を書いてたようだけど、この時点で卒論を立て直した感じになったのかな。でも今だから言うけど、卒論の提出日に持ってきたのは、一七人中なんと五人だけ！「奴ら俺をナメてる！」とその時思ったね。その後、さみだれ式に集まってきて、埼玉に自宅のある子は、僕の家のポストに投函しに来てたよ（笑）。

その時の論文は今読んでも、迫力があったな。……まあ、それが僕の、初めの頃の学生との交流だね。

＊学生との付き合い、教育の実践

――初めから、今のように頻繁に学生と交流していたんですね。

西堂　実習の先生は授業が交流そのものだけど、僕の場合は違う。ただそこで難しいのは、一人の人間同士として付き合うのではなく、あくまで教師と学生として付き合うということ。そしてその間には何かが必要になる……卒論とか、ハイナー・ミュラーとか、そういうものがあった上で付き合うのであって、個人個人が付き合うのとちょっと違う。決して「仲良く」しているわけじゃない。ここをとかく間違えてしまう。教師の方も。学生が「あのおじさん楽しいな」とかそう言って寄ってくる場合が多い。それで研究室に呼んで面白おかしく楽しめる。でもこれってクリエイティブな関係にならないんだよ。どこにでもある交友関係であって、大学における関係じゃないんだ。だから僕は学生を研究室に呼ばない。ニュートラルな喫茶店で話をする。そもそも研究室って権力関係がはっきりしているでしょ。

ここを間違えている教師がいる。教師も、自分の創作活動に使いたいからといって学生を囲い込んしまったりする。とくに実習の先生は囲い込みたがる。手元に置いて徹底的に鍛えたいとか。その結果、「他の先生の意見を聞くな」と洗脳教育じみてしまう。芸術教育の場ってそういうのがありがちなんだ。太田さんは、そのことの弊害をよく弁えている方だった。個人の○○研究所にしてはいけないとおっしゃっていた。それで舞踊の神澤先生とぶつかっていたね。

芸術教育の場では、一人の絶対的な意見よりも、いろんな先生から多様な意見を聞くことが重要なんだ。仮に矛盾を突き付けられたとしても、そちらの方が良いと思うんだよ。ある時には「感情移入して演技をしなさい」と言われたり、ある時には「感情なんて一切捨ててしまいなさい」と言われたり……まったく別のことを言う教師がいて、どちらの教師の言うことが正しいのか、悩みながら学んでいくのが、正しい学び方じゃないかな。学生の方も、そこにたどり着くのに結構な知恵と判断がいるよね。一方だけしか受け容れない学生は概して伸びないよ。矛盾の間を上手くすり抜けて、自分なりに「これだ！」というものを取り入れる、見分ける学生が伸びていく。大学の四年間では分らなくても、卒業した後、ようやくそのことが分ってくる。そしてそんな「理不尽」なことを学べるという場が、芸術教育のいいところなんだ。Aさんがいて、Bさんがいる。そのどちらかにべったりと寄り添うんじゃない。だから似たような教員たちを集めちゃだめなんだよ。まったく別の個性、お互い仲が悪いくらいの教員がいた方がいい。きちんとお互いの批判が出来るくらいがいいね。大学の芸術教育は試行錯誤の連続なんだから。犠牲になるのは学生だしね。

学校の中に劇団のようなものを作ったらどうだろう、という考えもあったけど、僕は反対だった。それは「囲い込む」ことと同じだから。そうするとその先生に私淑した学生が外に出て行かなくなり、また出ていけなくなってしまう。せっかく大学に来たのに、ひとりの先生の一色に染まることになってしまう。そういうことが、今まで往々にしてあった。実習は、時には手とり足取り教えなくちゃいけない場合もある。でもそこは冷静にいかないとだめだね。僕なんかは座学だから手とり足取り出来ないし、する気もない（笑）。いろいろ話はするけれど、そのことを真に受ける必要はないよ。最近の学生は純情でナイーヴになってきているから、真に受けやすい。こちら側が抜け道を作ってやらないと。

――どちらかというと挑みかかってくるぐらいがちょうどいい？

西堂　そうだね。素直に言うことを聞くより、反感を持ってほしい。文芸学部の場合、舞台芸術専攻でも、日本文学専攻の授業を受けたり歴史の授業を受けたり、いろんな事を学べるのが総合大学の最大の特色だったけど、今って他学科の授業を受ける余裕ってある？

一般教養の授業があるけど、君たちって一、二年のうちに一般教養の単位をとっちゃうよね。でも一般教養を学ぶのは、むしろ三、四年になってからの方がいいと思うんだ。専門的なものを学んで、行き詰った時に社会学や哲学や憲法の話を聞いたりすると、視野が広がっていいんだ。でも一般教養は一、二年でとっておきなさいと指導されるでしょ？　必要なときに必要なものを学ぶ。「教養」ってものに対する考え方を根本的に変えていかないと。いまの大学教育で間違っているのはそこだよ。教養の上に専門があると思っている。教養っていうのは、疑問に思ったり停滞した際に立ち返っていく場、思考の前提なんだ。だから英語でGeneral Arts、つまり幅広い技術、技芸かな。芸術の基礎でもある。

文系っていうのは「教養」で、理系は「実学」という区分けがある。そして、ここ最近どんどん教養を否定して実学に向かう傾向にある。文科省が打ち出しているのは、結果としてそういうことだ。表向きは、文系・理系の境界を外そうとは言っているけど。

演劇においても同様のことが言える。演劇や舞踊の実習だけ学んで、座学はいっさい出席しないという学生が増えている。僕の「パフォーマンス研究」は外国の前衛的なビデオを見せるんだけど、直接実習には結びつかない。でも「世界には、こんな舞台があるんだ！」と発想は一挙に広がるはずだ。演劇って、総合的な知が要求されてくるものだから、理論と実践が結び付かないとレベルアップしない。でもそのことに気づかない学生が、年々増えている。僕の世界演劇史は以前はほとんどの学生が履修していたけど、今は三分の一くらいだからね。演劇史のような基幹科目を履修しないで卒業すると、演劇人としての体幹が弱くなる。実用性ばかり重視していくと、基礎が出来てこない。文系を軽視していると、理系も伸びていかないよ。

例えば、みんな高校生の頃にコンテンポラリーダンスなんて触れたことなかったでしょう？この大学に入って初めて知るわけだ。それでコンテンポラリーダンスを学んでいくうちに、これまでやってきたこと、学んできたことがコンテンポラリーダンスに応用できることを知る。これが大学教育なんだ。

最近、別のことをやりたいと思って近大に入ってきたけど舞踊に向かっていく学生が多くなっている気がする。大学に入って初めて踊りを知って、使ったことのない筋肉や頭を使っていく。そういうのっていいと思う。

僕は毎回入試の要項に書くんだけど、小論文で受ける際に、これまで演劇を学んできたこと、部活などで経験したことは一切問わない。設問の課題はそういうものにしている。今まで運動部にいた者とか、生徒会で会長をしてきた経験のある者が大学で演劇に出会って、これまでの経験をいかに活かせるか、応用できるかが勝負になる。演劇っていうのは人間のもっている基本的な行動の集約点の上に立ったものだから、教養っていう基盤が必要になってくる。けれどいま、それが否定されようとしている。

人間力が枯渇している今こそ演劇なんじゃないか？　今こそ舞台芸術の出番じゃないか？

本気でそう思う。

第二章　二〇〇二〜二〇〇四　学生たちの活動——近大フェス開催

＊第一回近畿大学芸術フェスティバルの開催へ

—— それでは二〇〇二年から〇三年にかけて開催された「近畿大学芸術フェスティバル」を中心に、学生の活動について語ってもらいましょう。

西堂　近大フェスは、学生の文化活動の最後の（？）盛り上がりを象徴するものだったと思う。発端はＴＯＰ演習の前身である「演劇演習Ⅱ」という授業での出来事だった。当時の三回生が各自の興味ある題材を発表するゼミで、西原亮君という学生が、フェスティバルについて発表した。もっとも彼は大幅に遅刻してきて、一五分か二〇分くらいしか発表しなかったけど、調べたことに手応えがあったのか、翌週、僕の研究室に彼が訪ねて来て、「実はフェスティバル、やりたいんですけど」っていきなり切り出してきた。僕はそれを聞いた時、きっといろいろ思いがあって来たんだろうからと思って、「ああ、いいよ」と二つ返事で答えた。無責任な感じだけど。そしたら彼は、ちょっと拍子抜けしたみたいだった。彼としたら、きっと断られるだろうとか、大変だからとか説教されると思ったのに、あっさり「いいよ」って言われたからね。そこから始まった。翌年、当時の三回生が四回生に進級して、卒論ゼミに中心メンバーの大半が集まった。七人くらいいたかな。卒論のゼミをやりつつ、フェスのことを話し合っていったっていうのが、フェスが立ち上がっていく経緯だね。さっき出てきた大学演劇祭「キャンパス・カップ」がちょうど終わって、その本体の「大阪演劇祭」も打ち切られた。そういうものを何とか引き継いでいけないか、学生の力で、というのが開催するきっかけだった。

そこから彼らの頑張りは大変なものだった。「キャンパス・カップ」というのは、大阪芸大だとかいくつかの大学が劇団単位で参加するんだけど、そういう大学間の繋がりを作ってみたい、というのもモチベーションとしてあった。当時、京都造形大学が注目されてきたので、京都造形大と大阪芸大の二つにまず声をかけてみて、そこから広がっていったっていうのが実際の展開だね。だから一年ぐらいかけて、当時の演劇・芸能専攻の在校生二〇〇人のうち一〇〇人くらいが関わったんじゃないかな。これ相当なものだよ。在校生の半分が関わるって。その一〇〇人くらいで決起集会とかも開いている。近大の芸術学科にある「造形美術専攻」（現・造形芸術）の学生にも声をかけた。造形の学生たちには、ポスターやチラシとかビジュアルの面と、インスタレーションなんかで参加してもらいたいということもあった。
それから西原君は勇猛果敢にいろんな大学に個人でどんどん出かけて行った。大学の演劇サークル連合みたいな集まりがあるらしいんだけれど、そういうところにも突っ込んで行ってオルグしてきた。まあちょっとまれにみる活躍だね。

――行動力がすごいですね。

西堂 それがたった一つの小さなゼミから始まって、半年かけて学内の専攻を超えて広がっていった。でもね、正直言うと、先生方で難色示す人もいたんだよ。そんなことできるわけないだろう、お金も一〇〇〇万ぐらいかかるよってつぶしにかかる先生もいた。先生も一体になって支援する、というふうにはいかなかった。これが良くも悪くも、この専攻の教員の実態なんだ。学生の動きに対してそんなに協力的ではなかった。逆に言うと、学生たちは教員を当てにせず、自分たちの力で自由にやれたという側面もあった。期待されない反面、あまり監視されずに四回生が引っ張って行けたということが大きかった。彼らは卒業をかけてやっている。下級生だって、四回生が就職活動をしながらやっているのを見ると、動かざるをえないよ。そういうことが結構大きかったんじゃないかな。西原君も、「本当に出口のない会議を延々とやっていた」って書いていたね。本当にすごく地道な、手作りのフェスティバルをやっていた。
ちょうどこの前後にいろんなフェスティバルがあった。「横浜トリエンナーレ」とか、僕が関わっていた「アジア女性演劇会議」など。そういうものに学生が横浜や東京まで行って見学したり、ボランティアで関わりながら視察していった。そういうことでノウハウを学びながら自分たちのフェスに活かそうとしていた。タイミングも良かったね。

みんなでバイトして資金をつくり、とにかく自分たちの力でフェスティバルに向かっていった。大学当局は協力してくれるわけじゃない。むしろ、ああだこうだと、いろいろ規制をかけてくる。その中で一人の女子学生が事務との窓口になってくれたけど、おっとりとした性格で事務長とうまく通路をつないでくれた。頭の切れる女子学生もいて、彼女はフェスティバルのフリーペーパーを出したり、作品の批評文をすごくいい文章で書いていた。実際に現場で舞台を創る人間や裏方を取り仕切る者とか、多種多様な人材が適材適所で活動できた。そういうまれにみる集団性の作業だったんじゃないかな。

でもここまでこぎ着けるのに、相当大変だったんだろうね。せっかくみんなでバイトして貯めたお金を紛失して、それで泣きながら電話をかけてきたこともあった（笑）。

だけど卒論を提出するのは一二月。まさに作業の渦中なわけだ。なかなか書けない。さっきの窓口になった女の子も大変そうで遅れ遅れでいた。だから僕、「近大演劇」の解説で書いてるんだ……。

――「フェスと心中してしまった」（一同笑）

西堂　そう、フェスと心中した子がいた。今だから言うけど、卒論の枚数、ちょっと足りなかったんだ。それで、フェス後に再提出することを約束して、卒論を通したよ。一人一人にいろんなドラマがあったと思うね。

――その頃先生は、フェスそのものにどう関わられていらしたんですか？

西堂　僕は口は出さずに、裏で何か問題が起こったり、失敗したらフォローするっていう役割。大学との間では責任者だったけど。

――例えばどういう相談をされたんですか？

西堂　僕が指導するわけじゃないから、あんまりこうしたらいいああしたらいいって言ってない。とにかく見守る、距離置いて。それに専念してたね。でもフェスの打ち上げの時に、「ニシドウ先生がいちばん楽しんでましたね」って三回生の学生に言われた（笑）。そんなスタンス。

――聞いてると、西原さんがいろんな大学に出かけてノックしたっていうのは、最初から結構コンセプトみたいなのものがはっきりしていたからですか？

西堂　やっぱり「キャンパス・カップ」があったことが大きかったね。それと大学間をつなぐ意識が高かった。その後、ＴＯＰ演習の授業でも同じことを試みたけど、結局中途半端に終わった。二四期生では大阪芸大とシンポジウムまでやったけど、それ以上には進展できなかった。

――それを、近大を舞台にしてやる？

西堂　そうだね。自分たちで舞台をつくり、お膳立てして、そこに外部の人を迎え入れる。当時京都造形大に「dots」っていうグループが注目され始めていて、彼らが公演する時、近大の演劇関係者、ＯＢも含めてみんな観に来てたね。本当に「対決する」みたいな感じで、一種異様な緊張感のある公演だった。

――それこそライバルがこっちのホームでなにかやる？

西堂　そうそう、そういう感じ。大芸出身の売込隊ビームというグループも来てたし、あと落語だとかライブコンサートもあった。近大からもいくつか公演もあったし、ちょっと大きな学園祭みたいな感じ。ただ芸術フェスティバルだから、遊び主体の学園祭とは違ったけど。

西原君はその期間に同時に就職活動もやったんだよ。筆記試験受けに行って、論文の試験は、「僕はフェスティバルやってます」ってフェスティバルについて書いたらしい。面接も、フェスティバルやってます一本で攻めたそうだ（一同笑）。それで合格！　就職したのが栗東芸術文化会館、さきらホールだ。近大出身者で初めて公共劇場に就職したのが彼じゃないかな？まるで彼のためにあったフェスティバルだった（笑）。就職に関しては、フェスをやったことが評価されたことは間違いないでしょう。

フェスに関しては、お客がずいぶん集まった。学生がこんなことやるっていうことに対して大人がすごく注目したし、地域のテレビ局も番組の取材に来ていた。そうしたら、今度は大学が評価してくれたね。大学が学生を見直したっていうか、教師も学生を見直したって感じでね。学生のパワーっていうものが、大人を動かした格好の例なんじゃないかな。

――反対していた先生方は？

西堂　反対っていうか、反対が尻すぼみになっていったかな。あんまりよく覚えていないけど（笑）。同じ時期にワークショップやって学生集めた先生もいたんだ、実は。邪魔したというより、フェスがこんなに大規模に育っていると思ってなかったんじゃないかな。教員がみんな一致団結して押し出そうとならないところが、この専攻なんだよ。でもそれでいいんじゃない？　一枚岩になってやるって気持ち悪いよ。ファミリーみたいで。それが第一回。それで西原君は卒業式に活躍した学生に与えられる「校友会賞」を獲った。

――それは凄いですね。

西堂　さっきも言ったけど、先生たちが学生の背中を強く押さないことが、かえって良かったんじゃないかと思う。それが学生の自主性ややる気を生んだのじゃないかな。

その頃僕は、他大学の先生に会うたびに、近大フェスのことを話した。日芸にしろ多摩美にしろ東京の名だたる大学の方たちが皆一様に、「いやあ、近大てすごいねえ」って口を揃えて言ってくれた。実際にそういう意味じゃ、近大の演劇・芸能専攻ってちょっと突出した存在だったんじゃないかなと思うね。

――その時に結構名前が広がったり、ネームバリューが上がったんですか？

西堂　というか評価が出た感じだね。ネームバリューはそれなりにあっても、どんなことやってるかは分からないのが実情だ。でも近大の学生はちょっと違うぞっていう感じは伝わったんじゃないかな。僕はこの頃、書いている。「近大は元気がある。それは若さと馬鹿さがあるからだ」とね。

＊第二回近大フェス

西堂　翌年、第二回フェスをやった。でもこれは、なかなか立ち上らなかったね。一度成功しちゃうと二度目はやりづらいというか、同じことはできない。同じスケールではできないだろうなあというのは当初からあった。それで二回目は学内コンテストにしたんだね。これも僕の卒論ゼミの五人が発起人兼スタッフになった。実行委員長はその中の一人がなった。石倉和真君っていうんだけど、やっぱり彼も専攻内では「重鎮」と呼ばれてた男なんだ。彼が動くんだったら、みんなもついて行こうっていうような感じだった。非常に成績も優秀で、そういう学生が動かないとなかなかみんながついてこない。

その時は、コンペ形式で五作品を選ぶ。で、学内公募をやったら一〇個くらいの応募があった。それを学生の委員たちが五つに絞った。それだけだと面白くないっていうんで、外部から審査員を三人呼ぼうという話になった。その三人が市川明さん、当時大阪外国語大学のドイツ語学科教授。それから劇作家の芳崎洋子さん。糾（あざない）という劇団もやっていた。それからもう一人が山田いずみさん。彼女はダンサー兼振付家。この三人に審査を依頼して、彼らに観てもらって、それで賞を決めよう、というのが二回目のフェスティバルだった。

この時は、当時在校生だった内山大（はじめ）君の『難民エクスペリメント』が最優秀賞を獲った。

――その方は今でも活躍されてますね。

西堂　うん、やってる。その時のタイトルがそのままカンパニー名になって、今に至っている。だから内山君にとっては、スタート地点に立った記念すべき作品だったんだろう。在学生の作品は四回生から一回生まであって、入学したばかりの一回生の作品も五本の中に残った。それが今、フェローハウスをやっている木村友香さんや中元志保さんらだ。彼女らが公演を行なった会場が旧アート館で、その柿落とし公演だった。その時アート館はできたばかりで、まだ暖房がなかった（一同笑）。暖房のない中で三月にやっているから、寒かった。オープニングのシンポジウムは、関西で活動している劇場のオーナーたちを呼んだ。ウィングフィールドの福本さんとかに、学生時代どんな活動をしていたのかをうかがった。その時のキャッチフレーズは「演劇は今、非常事態である」という言葉だった。僕の研究屋にそのポスターが貼ってあるから見たことあるかもしれない。

―― なんか挑戦的というか、挑発的ですね。

西堂 今本当に危機的状況なんじゃないの？ていうのがスローガン。それが二〇〇三年の状況認識だね。オープニングに当時の学部長の村瀬憲夫先生にスピーチをお願いした。彼は「今、近大も非常事態です」と言って笑わせてくれた。

その時のメイン会場になってたのは、今ブロッサム・カフェなんかがある場所にE館という建物があった。まあ昔の体育館で、伝説的な会場だった。なにしろ夏暑く、冬寒い（一同笑）。ところが、みんなこのE館を愛していたんだ。E館前にベンチがあって、演劇・芸能の学生がずらーッと並んで、溜り場になっていた。ここに行くと、大概の情報が入ってきた。誰某はどうしてるって訊くと、すぐ消息が分かった。まあ伝言板みたいな機能を果たしていたね。劣悪な状況であったにもかかわらず、そこからいろいろなものが生まれてきた。今、D館の空調がいいとか悪いとか言ってるけど、空調どころの騒ぎじゃないんだよ（笑）。そういう劣悪な場所だけども、ある意味では二四時間使えた。昔は塀を乗り越えて夜中に入ってきて、そこで稽古をしたりとかやってたみたい。そんなアナーキーなことができた時代。環境が悪いと、かえって自由で奔放な想像力を醸成してくれるのは昔も今も変わらない。空調が完備されたりして、だんだん施設が洗練されてくると、同時に学校の管理も強くなっていく。すると自由度がどんどん失われていく。環境がよくて自由度があれば理想的だけど、なかなかそううまくはいかない。今君らが使ってる場所なんて昔に比べたら信じられないくらい良くなってると思うよ。D館なんかにしても。だけど君らは文句言うよね（一同笑）。

ある時、E館を大学側が取り壊すって通達してきたことがあった。壊す代わりにアート館を作るという条件で。だけど壊すことに反対したんだよ、学生たちが。それで抗議文みたいな文章を書いて、署名活動をした。そうしたら、文芸学部の事務局があわてた。大学側は学生運動の時代から遠く離れているけど、学生たちが文句いってくると、気にするんだよ。それですぐ動いた。理事会とかの耳に入らないように。

そう言えば、こんなこともあった。ミラクル君という仇名の学生がいた時、今のＴＯＰ演習の前身のゼミで「新アート館構想」ってのを企画したんだよ。それでアート館の「未来設計図」みたいなのを作った。その時には三階建てか四階建てくらいにして内部に劇場を作り、稽古場がいくつかと造形のアトリエもあり、それから会議場を設計図に入れた。近大の野球部の選手がドラフトされた時に記者会見できるような発表会場を作ったらどうかとかね。近大野球部が強くて何人もドラフトされていた時代だ。そういう構想を立ててデザインして何枚かポスターを作った。そうしたらそれを事務の人が見つけちゃって、ミラクル君が呼び出され、こってり絞られたみたい。今ちょうどアート館構想を水面下でやってるので、事前にこういうのを出されちゃ困るっていうのが、事務の言い分だった。

――なんかいちゃもんみたいですね。

西堂　学生がそういうことを自発的に作っていただけなんだけど、なんか理事会を刺激するんじゃないか、ということを配慮したんだろうね。学生がやってることはまったく無視されてるわけじゃなくて、案外過大に評価されている（一同笑）。

アート館がどうしてあそこに建てられたかというと、あれはもともと塗装場だったんですよ。何も使ってなかったけどね。で、廃墟になっていた塗装場を開いて、初めて公演やったのが一〇期の学生たちだった。授業公演で、たしかチェーホフの芝居をやったね。手すりなんか、昔からの名残りを活かしつつ内装を変えて、鞍替えしたのが昔のアート館だった。だからあの開かずの場所をオープンしたのは、学生の力だったんだ。学生が動くことによっていろんなことが実現できる。近大というのは、下から教員が意見積み上げて、上層部が決定するっていう民主的なボトムアップ方式にはならないんだ。D館もそうでしょ。ある日突然、大学側が「作る」っていう通達が来て、それで教職員の現場側が右往左往しちゃうわけ。引っ越しとかいろいろあるしね。

＊第二回から第三回の近大フェスへ

西堂　二回目のフェスティバルに戻るけど。そのときに確か学校はお金出してくれたんだよ。

――そうなんですか！　一回目は出してくれなかったのに？

西堂　一回目は静観していた感じかな。ただ さっきの窓口になって、フェスと心中しちゃった子の尽力もあって、学内でやるんだったら、保険だけは学校が持ちましょうって言ってくれた。事故があった時に学生だけでは責任を負いかねる。それで保険だけは学校が持とうという提案だった。学校側はやっぱり数十万くらい払ってる。しかも、学生に学内をタダで使わせてくれるわけじゃない？　そういうことをお金に換算すれば、結構な額が援助されていることになる。もしフェスティバルを外部でやると考えてみたら、会場費や施設費など計り知れないよ。しかもパンフレットの印刷費、ニュースレターのコピー代等も含めて全部学校の器具や施設を使っているわけでしょ。そう考えてみれば、学校は「何もしていない、邪魔してるんじゃないか」と学生は言うけど、実は影ながらサポートしてくれていたんだよ。二回目はそれをはっきり金の形で示してくれた。たしか一〇〇万円だったと思う。これで審査委員の講師を呼べた。その上、むしろ積極的にやれ、と背中を押してくれた。僕は学生の言い分も分かるし、大学の立場も分かる。「持ちつ持たれつ」の緩やかな関係がいちばんいいんじゃないかな。僕と学生の関係も同じ、「持ちつ持たれつ」だと思う。

その余勢を駆って、翌年三回目をやろうとしたけど、これは頓挫した。四月から第三回フェスのためのプレゼンを大きな教室に専攻全体を集めてやったけど、最初の一回目で紛糾したね。実行委員長に立候補した三回生の学生がみんなの支持を得られなかった。結局、〝なんでお前がやるんだ〟みたいなことになっちゃって、結局その年はできなかった。

第二回近大フェスの前に、僕は二〇〇二年八月から九月にかけて、金沢でハイナー・ミュラーのフェスティバルをやっていた。金沢には「芸術村」といって、二四時間フル稼働している稽古場兼劇場の赤レンガ倉庫がある。一九九八年に開場したんだけど、施設としては日本一だと思うね。そこでハイナー・ミュラーのフェスティバルをやった。で、二〇〇三年の秋には東京で『ハイナー・ミュラー／ザ・ワールド』っていう相当でかいフェスティバルを三ヵ月にわたってやっている。海外からは中国、韓国も参加して計一八劇団が集まった。それを学生たちが観に来たんだ。僕の四回生の卒業論文ゼミの学生たちだけど、もし自分たちがフェスティバルをやるんだったらこれに対抗してやりたいって考えたわけね。それが第三回の唐十郎フェスだった。僕が出したハイナー・ミュラーという切り札に対して、学生たちは唐十郎をぶつけてきた。だからこれはもうはっきりと教師対学生の抗争ですよ（笑）。志の高い学生たちが教師に対抗してやってるわけ。

——フェス対決ですね。

西堂　フェスにはさらなるフェスをぶつけてきた。面白いね、そういうの。

＊ハイナー・ミュラー・フェスティバル

――ハイナー・ミュラー・フェスティバルっていうのは、詳細知らないんですけど。これはそもそもなんでやろうという話になったんですか?

西堂　一九九〇年に「ハイナー・ミュラー・プロジェクト」ってのが僕を中心に始まった。翻訳者の谷川道子さんや劇作家の岸田理生さんら五人で開始したプロジェクトで、十年くらいいろんな講座をやりながら、最終的にそれが「世界演劇講座」という活動に繋がった。外国のビデオを見たり、それをもとに議論し、ハイナー・ミュラーを中心とした前衛演劇の動向を探るような活動。ある時、金沢のディレクターが僕と東京の劇場で会って、韓国の演劇を呼びたいけど何か紹介してくれないかと相談された。僕は知り合いの劇団「チャンパ」の『ハムレットマシーン』の話をしたら、横にいたやつが、それおもしろそうだ、俺もハイナー・ミュラーやりたいから一緒にやれないかって話に加わってきた。ちょうどhmpの笠井友仁くんもその場に居合わせていた。彼もすでにハイナー・ミュラーを大学時代にやっていたから自分も参加したい、と。それでたちどころに金沢で三劇団がやることになった。ほんの五分くらいだったかな。まさに打てば響く感じだった。で、もうあと二劇団加わって二〇〇二年の八月から九月にかけて金沢で五劇団による『ハムレットマシーン』のフェスティバルが行なわれた。

―― 五劇団全部が『ハムレットマシーン』？

西堂 結局、そうなった。その時に近大の学生も参加してるんだ。同志社だとか日芸や学芸大なんかの学生たちも関わってきて、学生によるリーディングが行なわれた。近大フェスの勢いに乗っかって、というのもあったんじゃないかな。学生が大人たちに混じってフェスティバルに参加することは意味がある。そういう気運が二〇〇二年頃あった。それで二〇〇三年に第二回近大フェスがあって、翌年に「新世界フィジカルシアター・フェスティバル」も行なわれたんだ。これは笠井くんらｈｍｐか中心になって、近大フェスと東京でやった「ハイナー・ミュラー／ザ・ワールド」を合体させるみたいな形だった。今はもうなくなったけど、フェスティバルゲートという施設が新今宮にあって、その中にあったダンスボックスが会場になった。東京からＯＭ―2とストハウス・カンパニーといった先鋭的な劇集団を呼んで、第二回近大フェスで最優秀だった「難民エクスペリメント」も加わって、ｈｍｐと四つが参加。関西では稀に見るフェスティバルが二〇〇四年に新世界で開催されたんだ。近大フェスの勢いが飛び火してる感じで、どんどんつながっていくって状況が、この二〇〇二年から三年、四年あたりにかけて生まれていたね。

―― 本当に学生の外に出ていく力が活発ですね。

西堂　学生の中でも、〝外公《そとこう》〟という言葉がよく使われていた。劇団作って、学内じゃなく外で公演するっていう意味なんだけど、それが当たり前のように行なわれていた。なぜ「外公」やるのか、学内の施設、例えばかつての一〇号館八階の実習室でやることと、大阪の小劇場を借りて公演を打つこととどう違うのか。フェスティバルって形になると目に見えてわかる。学内でやっていても学内を学外化することができるし、外公化することができる。学外で劇場借りて公演すると、お金が発生するから大変だよ。この前、ネクステージという学内団体がやった『見よ、飛行機の高く飛べるを』は久しぶりの外公だった。学内じゃなくて学外でやろうと目覚めた学生が久しぶりに出てきたなと思った。卒業後も劇団を続けて行こうと思ったら、学内だけ相手にしていても仕方がないと思う。それと学内公演は、原則としてお金とれないんだ。でも唐フェスの時は例外的に入場料とっていた。

――一五〇〇円とってました。その頃はよかったんですか?

西堂　学生が大学当局に交渉して、なんか大目に見てくれたんじゃない（一同笑）。でも良い前例だよ。

それで二〇〇五年に第三回近大フェスが行なわれた。通称「唐十郎フェスティバル」では、横浜国大出身の「唐ゼミ」と京都大学出身の「ケッペキ」、熊本から「夢桟敷」の三劇団を招いて、その前年の秋にやった一三期生卒業公演『唐版・風の又三郎』をバージョンアップしてぶつけた。松本修さんが近大に来て初めての卒業公演だった。キャストが多少入れ替わったのは、卒業を前にして演劇を辞める学生がいるからね。ただ主だった役者たちは残った。お蔭で、この一三期は卒業後も演劇を続けている人が多いね。

その時、今はEキャンパスにある作業場、F館あたりにテントを立てているんだ。「未知座小劇場」っていう劇団のテントを借りてね。それと唐ゼミの青テントが、今工事をやっている国際学部建設予定の芝生の上に立った。そんなことができたんだ。みんな学生たちが大学当局に交渉して一つ一つ地道に落としていった成果だよ。だからこれからやるとしたら、〝前例があるからいいじゃないか〟って言えるわけだ（笑）。こうやって引き継いでいくことが「伝統」になっていく。

――なるほど、一回やっちゃうと、ってことですね。

西堂　そう、一回やるとその後がやり易くなる。でも、テントたてるってこと自体、なかなか大変なことだった。この時、未知座小劇場の座長が陣頭指揮してくれた。とても学生だけではできない。彼らは活動停止していたのに、学生が頑張ってるなら、と力を貸してくれた。でもそういうことを可能にしたのは、若さと馬鹿さだよ。それが二〇〇五年くらいまでの勢いだった。唐フェスまでの流れっていうのは、学生が相当なパワーを使って事務方をビビらせながら

（笑）、やってた。だから学生が動けば、かなりのことが可能になる。今はあまりにも声を上げないから、学生はナメられちゃうんだ。だから君らも声上げなきゃね（笑）。

――話が飛び飛びで申し訳ないんですけど、ハイナー・ミュラーのフェスを東京でやった時と近大のフェスは時期がかぶってるんですか？

西堂　いや、かぶってない。東京では二〇〇三年の一〇月から一二月にかけてやっていた。今はなくなった麻布ディープラッツっていう劇場を中心に、いくつかの劇場を使ってやっていた。一八劇団で、五〇〇〇人くらい動員があって、この種のものでは画期的な集客だと思う。公演終了後に必ず三〇分くらいの濃密なトークを行なう。作品自体が前衛的で難解だから、ある程度舞台を読み解きながら、演劇ってなんだっていうことを探っていく。そういう議論が二〇〇三年に日本で成立したってことだね。金沢の時もずいぶん客が入った。金沢でも一〇〇〇人くらいかな。今ではもうそんなに集められない、と金沢の関係者が言っていた。二〇〇二年、二〇〇三年は、ある意味で前衛的な芸術の最後の盛り上がりだったんじゃないかな、とくに尖がった文化や芸術に関してはね。今思うと隔世の感があるね。

＊イラク戦争は何をもたらしたか

西堂　この年（二〇〇三年）の三月にイラク戦争が起こっている。このイラク戦争だけど、日本が戦後初めて参加した戦争だった。後方支援という形で。

――自衛隊が送られていきましたね。

西堂　日本が「戦争のできる国」になりはじめたきっかけがこの二〇〇三年の三月なんだ。その年に「ハイナー・ミュラー／ザ・ワールド」があり、翌年に新世界フィジカルシアター・フェスがあった。その次の年が唐フェスなんだ。でも、そういう尖がった芸術的な戦う姿勢が徐々に保守化に負けていく。その分水嶺にイラク戦争があったと僕は思うね。

――イラク戦争は僕らがリアルな時代で知ってる初めてで、唯一の戦争ですね。

西堂　しかも「戦争のできる国」になった日本のことを君らは子供の頃に知っちゃうわけだ。その前に「日の丸・君が代法案」が一九九九年に成立している。この法案は君が代斉唱、国旗掲揚を義務付けたものだ。それまで国歌とか国旗は、戦争体験者や日本に侵略されたアジア人にとっては戦争の記憶と結びついているからタブーだった。とくにアジアの人たちが日の丸を見るとすごく神経を逆撫でされることを、日本の政治家は認識していた。だから日本の保守政権も、日の丸、君が代を公的に出さなかった。それはある種の見識だ。けれども、広島のある高校の校長が卒業式に国旗掲揚、国歌斉唱するか否かで悩んで、自殺したという事件があった。それで、卒業式には義務付けた方がいいとして、自民党政府は法制化した。曖昧にすることの良識が、明確化することによって最悪の事態になってしまった。

ここらあたりからなし崩し的に法律が捻じ曲げられていって、今に至る憲法改正の方にどんどん向かっていくわけだね。そういう時代や社会の風潮に対して、演劇は対抗できるか。対抗できるとすれば、どんな演劇か。ハイナー・ミュラーは、僕にとってその時の対抗手段だった。第二回近大フェスで、「演劇は非常事態である」というのはミュラーがアントナン・アルトーについて語った言葉をもじったものなんだけど、本当に非常事態になった時に演劇はどれほど力を持つのか。それへの回答を、僕は近大フェスや新世界フィジカルシアター・フェス、「ハイナーミュラー／ザ・ワールド」なんかを通じて学生らと探っていたんだと思う。君たちが青年期を迎える二〇〇五年以降は。対抗する力がどんどん消えていく時代と見事に合致する。

それに伴って大学もだんだん危うくなっていくね。生き残りをかけて守りに入っていく。で、第四回近大フェスができなくなった。そういうことをやろうとする学生も出なくなってしまった。そもそも「舞台芸術専攻」に改名して三つの系に編成替えした時、ＴＯＰ系ができたんだけど、なぜ作ったかというと、大久保篤くんみたいな学生がいたからだよ。彼は第三回近大フェスの実行委員長で、いろんな企画を立てて実行した。唐さんの交渉も自力でしたし、シンポジウムをやると決まると、パネリストにいいと思える人にその場ですぐ電話をかけちゃう。で、即ＯＫとっちゃうんだ。こういう行動力のある学生がフェスのトップにいた。彼みたいな学生が出てくるのなら、こういう人間を養成するような系を作ろうというのが、ＴＯＰ系をつくるきっかけだった。この種の学生が毎年どんどん出てくるだろうと僕も信じていたし、他の先生も同様の思いがあった。企画マネジメントとかドラマトゥルグとかプロデューサーとかそういうことをできる学生を育てようという構想のもとにTOP系を立ち上げたんだ。だけど、せっかくつくったのに、その後、そんな学生はさっぱり出なくなっちゃった（笑）。

――で、四回目のフェスができない？

西堂　うん。まだ四回目はできていない。まあ僕の力量不足もあるけどね。

――でもそれはやっぱり大学も保守化してサポートしなくなるというか……。

西堂　サポートはとりつけられると思うんだけど、学生の中に内発的なものが生まれてこない。こっちがお膳立てしたら逆にできなくなった。モチベーションがある学生が何人か集まればできると思うんだけれど、そこまで苦労してやりたいって思わなくなってるんじゃないのかな、今の学生は。

――今の在校生で誰かがやるって言ったとしても、積極的に乗りそうな人がいると思う？

西堂　西原くんとか石倉くんとか大久保くんみたいな、こいつが言うんだったらついていくという学生がいない。絶対的なリーダーが出なくなっちゃった。これは学生だけの問題じゃないね。日本全体の問題でもある。

結局、学生文化自体が衰退したんだと思う。学生が育ってくる環境なんかも含めてね。尖がった連中が、〝やるぞ〟ていってみんなついていくような、そういう学生文化がなくなってきている。それは教師がいくら枠組みつくっても、もう無理だよ。学生が動いたことによってTOP系ができたんだけども、作った瞬間にその本質が失われた。だからこの本ができるのは、もしかしてTOP系の〝奇跡の復活〟と言えるかもしれない（笑）。でも今は強力なリーダーが引っ張る形でムーブメントが起こるのでなく、もっと違ったやり方になるのかもしれないね。今までのは前衛が後方部隊を引っ張る「前衛主義」だったけど、それにはカリスマが必要だった。でもそれは二〇世紀までで、せいぜい引っ張って二〇〇五年までだった。二〇一五年以降は、違った形もあるのかもしれない。

――そうすれば第四回が実現するかもしれないですね。

西堂　ただ「第四回」とは名乗らなかったけども、このあとの二〇〇五年から始まる「唐十郎演劇塾」ていうのは、ある意味でそれに近いものがある。フェスティバルみたいな祝祭的な形式ではなく、活動がもっと日常化していくんだ。

第三章　二〇〇五～二〇一〇　大学で何ができるか――唐十郎との仕事

＊唐十郎教授と演劇塾

西堂　唐さんを呼ぶ直接的な要因は、唐十郎フェスティバルにあったわけだけど、実はこれ、僕と松本さんだけの発案じゃないんだ。当時の事務局長が僕に、近大でも横浜国大でやった「唐ゼミ」をやりなよって唆したんだ。大学の方から僕に声をかけてきて、それに背中を押された。ちょうど運よく、唐組が栗東市に来ていて、さきらホールの前にテント張ってた。それですぐに駆けつけて、唐さんに交渉した。「唐さん、近大に来ませんか」って言ったら、「うん、いいよ」。ほとんど即決だった。金沢のミュラー・フェスティバルが五分くらいで決まったのと同様で、思いついたらあっという間に実現した。〝思いつき〟というと、行き当たりばったりに受け止められるかもしれないけど、実は思いつくために相当の下地が必要なんだ。ずっと考え続けてきたことがある日突然、なにか外的な要因にふっと背中を押されて形になる。そういういきさつで唐さんが来ることになった。

その年の四月から客員教授で近大に来た唐さんの最初の講義は、僕と対談形式でやった「私はこうして唐十郎になった」。テレビ局が取材に来て、モーニングショーで取り上げられた。

その年は八回「唐十郎特別講義」ってのをやった。近大の総務は大騒ぎだった。総長とも会ったし、どんどんやってくださいってことになって、唐さんが近大に来た時はものすごくやりやすかった。積極的に後押ししてくれたね。文芸学部の中でも舞台芸術専攻はちょっと特別な専攻になって、みんなから垂涎の的というか羨望される存在になった。だからこれは第四回フェスみたいなもの。ただ授業としては、唐さんは月に一回くらいしか来られないので、最初の二年間は松本さんの授業の枠の中でやってもらった。唐さんは特別講師として稽古をみてくれた。で、発表公演は唐十郎・松本修ゼミ（通称「唐松ゼミ」）という形になった。これを二年間やって、その後に「唐十郎演劇塾」が二〇〇七年に立ち上がる。この時はOBも入れて、学年を全部とっぱらう形でやった。授業と関係なく、単位にならないけど、応募者が六〇人くらい集まった。専攻生二〇〇人のうち、三分の一くらい。それで三〇人くらいに絞る。で、毎年秋に公演する。授業枠も入れると、結局、合計六本やった。だから相当なもんだよ。松本さんも随分頑張ったし、卒業生も頑張ってくれた。とくに小林徳久君という一五期のOBが唐さんにすごく気に入られて、彼が演出助手を担当した。松本さんと僕はちょっと後ろから支えるって感じになって。小林君を軸にして学生たちが自主的に稽古していく。今でももちろん自主的な稽古はあるんだけれども、他の授業公演とは違う。モチベーションも、それからレベルも。で、学年のできる連中が集結するようになった。そういう幸運なことが三年間続いたんだ。これはもう奇跡だね。

この活動は二〇〇九年度で終わった。「唐十郎演劇塾」は学年の壁を取り払って、OBも含めることで、幅広い年齢層でやれたことが大きかった。もう一つは唐十郎戯曲を上演する時、生半可ではできないんだ。お手軽にできない。演劇をナメてる者には絶対できないよ。だからこそこれを劇団にしなかった。メンバーを固定せず、集まっては散っていく一回的な集まりだからいいんじゃないか。そこを通過していった連中が卒業した後、唐十郎とは離れて別のことをやっていけばいい。その経験が実は卒業後に生きてくる。その最後の世代が、匿名劇壇の福谷圭介くんの代なんだ。彼が一回生の年、唐十郎演劇塾の最後の年だった。彼はその時、『腰巻お仙』の主役のドクター袋小路をやっている。その時、フェスティバル/トーキョーの大学演劇祭に参加した。そのスタッフがわざわざ近大会館まで観に来てくれた。彼らはびっくりしたね。これは学生のレベルじゃないって。それでフェスに呼んでくれた。東京では多摩美と桜美林、あと京都造形も来てた。四大学で競うわけだけど、レベルは近大が断然上だったね。他のところは、ちょっと小手先のパフォーマンスみたいな感じ。だから近大の役者のレベルはすごいって言われた。これで近大の演劇はちょっとレベルが違うぞ、本気度が違うぞっていうのを唐十郎演劇塾を通じて示すことができた。それが二〇〇九年度までだね。唐十郎っていうカリスマがいたことで成立した。それは確かだと思う。やっぱり唐作品ってのは役者を育てるし、鍛えてくれる。本当に役者としての基本的な構えができる。唐作品を大学二年、三年の時に経験したことが、それ以降にすごく生きてくる。学生の時期にお手軽じゃない、ちょっと重たくてしんどい経験をしていくっていうのは、僕は一番いいんじゃないかなと思う。唐十郎みたいに厄介なものこそ、やる価値がある。そういう経験を二十歳前後にしておくことは大事だ。正直いって、不条理っぽい小手先の芝居やっても、伸びないんだよ。現代口語演劇みたいものをやっても意味ないよ。だって楽にできちゃうもの。チャレンジしないとね、学生は。でも実際は、お手軽にできる方にどんどん流れていっちゃう。教師の方も、学生に力量がないと判断すると、その方向に行っちゃうんだね。だから『唐版・風の又三郎』を二〇〇四年に松本さんが赴任第一年目でやったのは、画期的なことだった。近大の卒業公演の中でも特筆に値するよ。なにしろ上演時間三時間半の芝居をやったんだから。見応えがあった。

――やっぱりそれは出来もよかった？

西堂　面白かった。それが唐フェスに繋がり、唐十郎演劇塾に繋がっていくんだね。そういう志みたいなものが学生と繋がってなにかを動かしていく。背中を押す気運があの時代の中に確実にあった。

――唐さんの指導はどのようなものでしたか。

西堂 すでに唐さんは日本演劇界の巨匠だよ。そんな彼の稽古の姿勢を見ていて、いいなと思ったのは、いわゆる「ダメ出し」っていうものを一切しないこと。「あれは駄目だ、これも駄目」というのは日本の偏狭な演出家のやり方であって、日本以外ではそういった指導はあまりしない。演出家は、俳優に向かって教師のように「駄目だ」と偉そうに言うのではなく、「こういう風にしたらどうだろう」って提案するものなんだ。だから唐さんは未熟な二十歳くらいの学生に対しても、同じ目線に立って指導を行なうのを見た時、新鮮に映ったね。彼は自分の作品なのに、「この作品は分からないよ」と言っていた。演劇には正解がないから、学生と対等な関係の中で作品を創っていこうと考えていた。でもこれは唐さんだからできることであって、これが他の演出家だとなかなかできないんだ。俳優に馬鹿にされない為に、彼らは自分が一番分かっているんだと権威を見せつけようと大声挙げたり、灰皿投げてみたり（笑）して俳優を抑圧する。これが今でも日本の稽古場のルールを支配している。まるで教師が生徒に何か教えてあげるような上からの姿勢で。一種の訓育だね。

でも「芸術創造」って、本質的にそういうものではないと思うんだ。逆に学生から教えられることもあるからね。唐さんは横浜国立大学と近畿大学で教授をやったことで、学生からエネルギーを貰っているんだ。そのエネルギーを貰いたいがために、わざわざ月に一回来てくれていたんだよ。「今日も学生から良いエネルギーももらった」と彼はよく言っていた。

―― 唐さんが定年のため五年間だけだったのは勿体ないですね。

西堂 唐さんみたいなオーラを持った芸術家は今の日本には滅多にいない。だから彼が客員教授として来てくれたことで、専攻全体にいい刺激になった。他の人ではとても代わりはできなかったと思う。何といっても彼は二十世紀の長嶋に匹敵するレジェンドだからね（笑）。

でも年齢を重ねても、彼のはちゃめちゃさは変わってなかった。周りにいる人の唐さんの〝世話〟は大変だった。一回怒って夜中にゲストハウスから失踪したことがあった。管理人から僕のところに電話があって、慌ててベッドから飛び起きて探しに行ったことがある。冬の大学周辺の界隈を必死に走り回って探したよ。気がついたら、僕は素足に革靴履いていた（笑）。結局、どこかのホテルに泊まったらしいけど。でも唐さんの凄いところは、謝り方が上手いことだ。だいたい普通の人だと、謝ってもどこかしこりが残って、その後別れてしまう。だけど、唐さんは一切しこりを残さない謝り方ができる。だから、相手も蟠りなく付き合うことができる。僕が唐さんを五年間支えようと頑張れたのもそのせいだね。太田省吾さんもそうだけど、演出家は世知に長け、人間関係のスペシャリストじゃないと務まらない。その意味で唐さんと五年間だけど一緒の現場にいられたことは、学生だけでなく、僕にとっても大きな財産になった。

―― 西堂さんは近畿大学以外でも、「シアターアーツ」で唐さんと対談を行なったりしてますね。

西堂　「シアターアーツ」の「アングラの源流を探る」というシリーズの第一弾の対談を唐さんにお願いした。唐組の春公演は毎年大阪で初日を迎えるので、二〇〇三年の『泥人魚』の時、二〇人の学生を連れてゲネプロを観せてもらいに行った。この舞台は唐組の久々の快作だった。終演後、僕が絶賛したら、唐さんは記者会見の席上で、「西堂君が四〇人の学生を連れてきてくれて、大絶賛してくれた」と言っていたそうだ。人数、倍に増えていたね（笑）。よほど喜んでもらえたのか、そこから唐さんと本格的な付き合いが始まった気がする。その流れで、僕との「シアターアーツ」での対談の企画も順調に進んだ。この時期の唐さんは、ある意味で何度目かの絶頂期だったと思う。八八年に状況劇場を解散して唐組を結成するわけだけど、初期の頃は役者も小粒になったし、入退団も多くて、苦労していた。やっと二〇〇二年あたりから藤井由紀、稲荷卓央、赤松由美、久保井研ら役者が揃ってきた。そういう時期に『泥人魚』が生まれた。この作品で、唐さんは鶴屋南北戯曲賞や読売文学賞を次々に受賞し、「唐十郎ルネサンス」と言われた年でもあった。

＊大学は実験の場である

―― 西堂さんは客員教授として唐さんを呼ぶにあたって、「大学は実験の場である」とスピーチされていますが、これはどういう意味ですか?

西堂 大学は、「アングラの帝王」を教員に迎えることが出来るくらい知的包容力を持っていることと、大学教育は偏狭なものではなく、もっと人間の本性に基づいた自由で創造的なことが試せる場だということを伝えたかった。優れた芸術家は、必ず優れた教育者でもあると僕は考えている。だから大学は彼らを規制せずに、もっと伸び伸びといろいろなことが試せる場にしようという宣言だった。

―― その宣言もあって唐さんが近畿大学に客員教授に来られた。それで関西の演劇界も活発になったのかもしれないですね。

西堂 実際、かなりいい影響が広がったと思うよ。近畿大学だけでも、唐フェスから繋がっていたわけだけど、振り返ると近畿大学は唐さんの全盛期といい時期にぶつかったと思う。近大生からしたら、歴史上の人物に出会える幸運ともいえる体験をしたんじゃないかな。

―― 僕たち学生からしたら、教科書の中の人物ですものね。

西堂 そんな彼のもとで授業を受けて、「この演技はこうしたらどうだろう」て提案してもらえるわけだから素晴らしい経験だったと思うよ。生身の本人に若い頃に会う経験は、後々まで残るんだ。でもその本当のありがたみに気が付くのは、ずっと後のこと。五年後十年後に、やっと唐十郎体験が染み渡ってくるんだよ。その時に初めてあんな経験が出来たのは「近畿大学に来たお蔭だった」と気が付く。この頃の近畿大学は唐さんのためにバックアップしてくれていて、僕たちにとっても演劇をしやすい環境が整っていた。フェスの代わりに「唐十郎演劇塾」を持続的にやっていたという感じだね。

この頃考えていたのは「ポスト唐」ということ。僕としては松本雄吉さんを客員教授として呼びたいと思ったけど、やはりそれには「あまりにも前衛的すぎる」と反対する人もいた。唐さんは誰もが認めざるを得ない存在だけど、松本さんは尖りすぎて、反対する人もいた。でも「大学は実験の場」だから、もし彼が引き受けて呼ぶことが出来ていたら、近畿大学で野外劇という新たな可能性が見出せたかもしれない。それがとても残念だ。

*専攻名改称

――二〇〇六年に「演劇・芸能専攻」から「舞台芸術専攻」に専攻名が変わりましたね。

西堂　「演劇・芸能」専攻だと、なんとなく芸能界みたいなイメージを持たれることに教授陣の間で問題視されていた。もう一つは、舞踊関係者が「演劇」と一つにまとめられることに抵抗があったというのもある。それと当時まだ専攻名を付けた創設時の先生が他学科にいらして、「芸能」という言葉は上方芸能と結びつく意味のある言葉だから、残して欲しいとおっしゃられた。ならば「演劇伝統舞踊専攻」にしたらいいのだけど、それではあまりにも長すぎる。この問題を解決するにはなかなか時間がかかり、最終的に、「舞台芸術専攻」という言葉が残った。みんなの意見を総合してみると、この名称に行き着いた。

――この時にコース選択もなくなりましたね。

西堂　そう、その時までは入試の時点で「劇作・理論コース」と「演技コース」に分かれていたんだけど、受験生が減少したことで、絞るより緩やかにした方がいいという意見が出てきた。三つの系をつくり、入学後に選択させるような方向で進めたのだけど、結果として、今までと比べたらモチベーションに欠ける学生が集まることになった。この問題はこの専攻だけじゃない。二〇〇六年頃から大学自体の受験生が少子化と不景気が相まって減少してきた。そのため学内改革を迫る風潮が高まって、その流れの一環で専攻名の変更があった。芸術学科は他の学科と比べて授業料も高いからなおさら受験生が減ってくる。

＊大学の管理化と文科省の規制

西堂　その頃から、教師たちにもさまざまなタスクが課せられるようになった。受験生集めのために高校訪問をしたり、舞台芸術講座を開講するなど、教師の仕事が増えていった。教育というより大学運営業務の為の負担が増えてきたことは事実だ。それとともに、文部科学省は大学評価の面で締め付けてくる。私学は国から助成金を貰わないとやっていけないから、評価を向上させるためにいろんな手を打たねばならない。やったという実績作りに躍起になっていった。授業評価アンケートも報告の為に全科目行なわれるようになったし、その前から一年生の前期の授業で必ず「基礎ゼミ」が行なわれるようになった。これは新入生の学力低下を改善しようと、読み書き術を向上させるために、半期だけ授業を持つことが義務付けられた。「大学生の高校生化」が二〇〇〇年代の中盤から始まって、学生につきっきりの指導が求められてくる。さらに「ゆとり教育」を受けた世代が入学してくるにつれ、一層学力低下は免れられない。また「保護者面談会」というのも始まった。完全に大学生を子ども扱いしている。文科省が前・後期一五回授業実施を制度化したのもこの頃だ。米国から日本人留学生の学力不足を指摘され、とにかく授業回数を増やせばいいという考え方だ。大学は本来、高等教育を施す機関なのに、義務教育の延長のような、高度とはとても言えないレベルでやらざるをえなくなった。

――　僕らなんて、ゆとり世代の真っ只中ですからね。

西堂　この頃日本政府は、いろいろな問題に対して抜本的に手を出してくるんだけれど、ことごとく裏目に出ている。それが教育に顕著に表われている。その投影のひとつが大学の制度への手直しだ。二〇〇七年から「週四日勤務」が文系教員に暗黙の裡に課せられた。最低でも週三日授業日を入れないと、上から勧告が来るそうだ。徐々に締め付けが強化されていく。なんでこの案が出てきたかというと、理系の先生方は週六日勤務も当たり前で、それに対して文系は週二日や三日とはどういうことだっていう大学側の言い分らしい。つまり大学行政が理系を基準に進んでいった。でも文系としては授業の仕込み期間が必要なわけで、理系の授業とは流れがまったく違う。冗談じゃないと思ったね。週四日勤務制になった時、自分の活動はどうなるんだ、と教員は皆一様に憤慨した。大学の教員は、授業をやる教育面と同時に、自分で研究発表し、表現するもう一つの面がある。しかし、こうした研究の時間が教育と大学の運営に搾り取られていく。教員の大学への忠誠度が求められる制度に年々変更されていった。

実際に必要とされているならいざしらず、むしろ文科省に報告書を出すために、大学側が過剰に反応している事情もあったと思う。「もう辞めるしかない」と改めて僕はそう思った。大学から知性が失われ、教育産業の下請けに成り下がった、とね。

＊世界演劇講座開始

――二〇〇六年から世界演劇講座を始められていますが、最初からエイチエムピー・シアターカンパニーの笠井友仁さんとやられていたのですか。

西堂　これは二〇〇〇年にできた「国際人文科学研究所」の講座の一つとして始まった。この人文研は、柄谷行人教授（当時）がいた時に関西のみならず、世界的に活躍している学者や研究者を集めて国際的な拠点を作ろうという壮大な構想のもとに創設された。その中の構成員であった僕に何か講座を担当出来ないかという打診があって、それで「世界演劇講座」をやろうということになった。そのさい、卒業生でもある笠井さんと一緒にやろうと声をかけた。

――内容的には近畿大学で授業されている「世界演劇史」を圧縮した内容をされているのですか。

西堂　というよりは大人向けの講座だね。

受講生の数はそう多くはないんだけど、驚いたことに受講生がみんな何かしら表現活動をしている人たちで、第一回目から非常にレベルが高かった。受講していた人で言えば、劇作家のくるみざわしんさんがいた。講座が終わった後に必ず飲み会を開くんだけど、そこで受講生同志が活発に議論し合って、そのうち何人かが戯曲を書き始めた。その後、回を重ねるうちに、くるみざわさんが代表になって、「世界演劇講座」番外編をやることに発展していった。短編戯曲を書いて、リーディング公演する講座で、必ずトークを組み込んだ。世界演劇講座から別の講座が生み出されたんだ。これは面白い化学反応だったね。その番外編では太田省吾の「なにもかもなくしてみる」という言葉に触発されて六人もの作家たちがリーディング公演を行なった。このリーディングは、金沢で行なわれた「太田省吾フェスティバル」にも出品されている。

でも一方で、壮大な構想の下に出発した人文研だったけど、昨年（二〇一四）あっという間に閉鎖になってしまった。大学側が文化的な研究所を評価しなかったんだね。創設時に尽力した人も大学から去って、守り抜く人もいなくなった。それにともなって、世界演劇講座は、伊丹のアイホールに舞台を移してやるようになった。客は増えたけど、逆に番外編が生まれなくなった。人が増えると講座の活動も変化してくる。でもレベルは維持されているから、今後どういう展開になるが、楽しみだね。今年は高校演劇の先生方が多く受講されている。

高校の先生で演劇部の顧問をやっている人たちは大変な激務をこなしている。僕は二〇〇一年から数多く高校演劇の審査員をやらせてもらってきたけど、お蔭で高校の先生たちとずいぶん知り合いになり、親しくさせてもらった。とくに大阪の高校の先生たちは、僕とほぼ同世代の方たちが頑張っておられて、とくにシンパシーを感じる。これも大阪での大きな財産になったね。

今まで講座は大阪の日本橋・近大会館でやっていたけど、伊丹に移ってから、「〝基礎から学べる〟世界演劇思想史論」というのに移行した。演劇史は、ある程度演劇に関わってくると、どこかで必要になってくる。その必要に目覚めた人のために学ぶ受け皿があるといいなと思って始めた。学生たちには在学中にその必要性に気づいて欲しいけど……、君たちも卒業後に来てくれてもいいよ（笑）。

演劇を学びたい実践家たちは結構いる。だけど、学べる場所がほとんどない。それに唯一応えているのが、この世界演劇講座なんだ（笑）。僕は九〇年代に東京でこうした講座をやり、それを今、関西で笠井さんと一緒にやっている。

――東京では違うようなかたちで講座を行なっていたのですか。

西堂　さっきも言ったけど、東京ではＨＭＰ（ハイナー・ミュラー・プロジェクト）主催で、映像を見せてトークをするという講座だった。「シアターカフェ」と名乗っていた。日本橋での八年間はこれをほぼ踏襲した。先鋭的な映像を観てから、それを巡って議論していく。海外の舞台の映像を見て学ぶというより、今の自分たちに引きつけて、創造する現場として議論するという姿勢がよかったのかな。その時は客も意識が高かったから、客席からの発言もあって、本当に面白かった。その時の名簿を見ると、今は大学教授になった人や、フェスティバルのディレクターになった人、有力な演出家たちが来ていた。彼らはまだ何者でもなかったけど、その時代の一番先鋭的な映像を見て、何年後かに自分の実践に生かしていった。成果は時間が経ってから現われる。やる気のある人たちが集まってきた講座は、まさに演劇人が育つ場所だったんだと思う。そこで蓄えたものを後々開花させていくという感じで。これが本来の大学じゃないかな。ただ卒業単位を取るために大学に来るのではなく、やる気のある人間がなにかを探る場。受講生と大学生はそこが違う。

あとは受講するタイミングもあるね。彼らは三十過ぎてようやく学びたいって思ってやってきた。

――僕たちが、今この面白さに気が付ければ最もいい形なんですが。

西堂　気にしなくてもいいよ。「あの時やっておけばよかった」という人のための受け皿にこの講座はなっているからね。教師をしている僕としては、モチベーションの低い学生に日々見返りの少ない授業をやりつつ、他方で「もしかしたら、こいつら十年後に化けるかもしれない」とわくわくしながら教壇に立っている。こうした講座をなぜやっているのかというと、結局自分のためにやっているんだと思う。講座をやるたびに僕も発見をして学んでいく。繰り返し読んだり見たりすることで、ギリシア悲劇やシェイクスピアといった名作古典は必ず発見がある。だからやろうとする気力がなくなるまで、僕は教師を続けていくよ。自分で面白いと思ってやっていると、結果としてそれが学生や受講生のためになる。もし僕が何も発見せず、先端から外れていったら、学生はすぐに分かってしまう。つねに時代の最先端を見て、絶えず知識を更新していく。世界演劇講座は今年で十年、まだまだ続けていくつもり。

＊若い世代との交流から

西堂　でも君たちだって、僕とは違う観点で、この時代の最先端を見ているはずだ。僕がかつて見たものと比べて、「こんなものか」と思ってしまうこともあるけど、君たちの世代は、僕らの世代には気づかない面白さをキャッチしているかもしれない。そのことに対して貪欲に独自性を主張すればいい。僕はそれに対して「君たちはこんな細部を見ているんだ」と新しい出会いがあるかもしれない。僕の見ているものと、今の君たち世代が見ているものとは違う。君たちはよく、「こんな貧しい時代によく生きていられるね」と言われるかもしれないけど、貧しさにおいては僕らも同等なんだよ。その貧しさの中に何を嗅ぎ付けていくか。そのことをシャープに取り出すことが出来たら、自分より若くてもその人を僕はリスペクトするよ。スポーツの世界だと若い人がどんどん記録を更新していくけど、芸術はどうだろう。唐十郎なんて天才に遭遇した時代と比べたら退化しているかもしれない。でも今の時代ならではの才能を見つけて押し出していけばいいんじゃないか。ただ才能が出てくるには教養とか文化の厚みが必要なんだ。僕が世界演劇講座をやっているのは、教養の基盤を少しでも厚くしておきたいからだ。少し前に「脱力系」が流行ったことがあったけど、僕は八〇年代にヤン・ファーブルについての評論で、脱力した身体を「だらしない身体」と書いていた。何か新しいものが評価された時、すでに書かれていたことを参照にしないと、不勉強という扱いになってしまう。こういうことを後続世代には考えてもらいたい。批評家の仕事は、今何が面白いか、それを絶えず更新していくことと、何が今無効になっているかを指し示すことに一端がある。面白さのストライクゾーンを拡げていきたい。

―― 批評はどちらかと言うと受け手の印象だったんですが、ずいぶんと違った印象に感じますね。

西堂 受け手ではなく、批評には創造という面がある。批評があるから作品というものは日の目を見るという一面もある。批評家という発信者がいなければ作品は消えてしまう。唐十郎も一九六六年、戸山ハイツで「灰かぐら劇場」で公演をしたとき、三日間でたった三七人しか見ていなかった。にもかかわらず、なぜ演劇史に残ったのか。それは澁澤龍彦や種村季弘、横尾忠則らが客席にいて、この公演について熱烈に書き留めたからだ。もし一万人動員した作品があっても批評が書かれなければ、十年後にはなかったことにされる。数じゃなくて、人にどれくらいのインパクトを与えたか。その舞台について書く気にさせたかが求められる。だから演劇史に残るものは、その当時、人気を集めた評判作より、前衛的で尖がったものになってくると思うよ。芸術の歴史はその時代の一番尖がったものが、客が少なかろうが批評に残されることで動員の多いものを凌駕していく。演劇はそういう力を持っている。現在のようにハイテク化し流通の速くなった時代に、演劇のようにある特定の場所でしか観られないもの、そこから動かせないものがどうすれば生き延びていけるか。逆説的な言い方になるけど、その〝遅さ〟、不自由さがより価値を持ってくると思う。情熱をもって自分の足で出かけていく観客は、「作品を観に行く」という能動的な行為に価値を見出すのではないか。

＊リーマン・ショックと経済の低迷

——二〇〇八年に「リーマン・ショック」が起こり、経済の低迷がありますが、これが演劇や文化に大きな影響を及ぼしました。僕たちにとっては、正直それほど実感のなかった問題でしたが。

西堂　でも遊びにお金が使えなくなったでしょ。

——二〇〇八年はまだ中学生でしたから、リーマン・ショックでお小遣いが減ったりはしなかったですね。そもそも元々の手持ちが少なかったので。

西堂　リーマン・ショックの影響は金を持ってない人にとっては、大して苦にならない。むしろお金を持っている人が壊滅的な打撃を受けた。これは八〇年代のバブルでも同じなんだ。経済の浮沈は金を持っているものにはもろに影響が出る。だから、お金を持ってないことは強みにもなる（笑）。貧しい状況だからこそいろいろな発想が湧き出てくる。お金を持ってないことは、ある意味で特権だと僕は思っている。

大学卒業して四年間、僕は伊豆大島で夏に行なわれる野外劇に関わっていた。あれほどお金がなくても楽しい時代はなかったね。助成金なんてもちろんなかったし、公演するのはすべて持ち出し。島で合宿しながら稽古したり公演したりする。で、毎日の食事代は三〇〇〇円だけ。これで一五人分を賄う。でも楽しく過ごしたね。昼はトラックの荷台に皆で乗り込んで海に向かったり、自然があるだけで十分楽しめた。これはお金があったら味わえない楽しみだ。そもそもトラックの荷台に乗るなんて経験ある？　ちょうど二年前に韓国の牛島《ウド》という小さな島で太田省吾さんの『地の駅』を観に行ったことがあった。その島にはバスもタクシーもない。唯一の移動手段は自家用車かトラック。それで友人たちと一緒にトラックの荷台で移動した。三十数年ぶりに荷台に乗ったんだけど、やはり楽しくて仕方がなかった。貧しいといろんな工夫があったり発見があったりする。これは貧しさ故の特権なんだ。お金がなければ、お金のある人に集《たか》ればいい。

この前ギリシアに行った時、ギリシア人は、財政破綻してドイツに助けてもらっているのに、全然悪びれた素振りがないんだ。むしろ「ドイツは一所懸命に働いてお金を稼いでいるけど、こっちは一所懸命に遊んでいてお金がない。でもギリシアに遊びに来たら皆を存分に楽しませることが出来るよ」と主張する。アリとキリギリスの話のようだね。

――でもアリとキリギリスの話だと、夏の間に遊び呆けていたキリギリスが、冬になって夏にまじめに働いて蓄えを持っているアリに助けを求める話で、ギリシアの状況からいうと、ギリシア人もちゃんと働かなくちゃという話になりますけど。

西堂　それは君たちが日本で教育されているからだよ。原作はイソップで、彼はギリシア人だ。このキリギリスは遊んでいるというよりバイオリンを弾いているアーティスト。キリギリスの奏でる音楽を聞いて楽しみながらアリはせっせと働くわけだろ。夏に音楽を楽しんだアリさんが、冬にキリギリスに食料を恵んで「来年も楽しませてください」というわけ。だからギリシア人の立場に立って解釈すれば、相手を楽しませているから施しを貰うのは当然の権利だとなる。リアリズムではないけれども、この解釈の方が楽しいんじゃない？　文化とはそういう「余剰」から生まれるものだ。芸術家と資本家の関係もこうではないだろうか。

——もしこの関係性が否定されているなら、世の中に芸術家なんて生き残れないですよね。

西堂　そうだね。だから僕はキリギリスの肩を持つね。日本でアリなんて目指したら、それこそノイローゼになってしまいかねない。巨象に踏み潰されるのがオチじゃない（笑）。キリギリスを目指すと貧しくなるかもしれないけど、正しく生き延びていけるよ。キリギリスの生き方をこの学科や僕を見て学んでほしい（笑）。何にも縛られずに、人より人生を楽しんでいる自信はある。

——ではそんな西堂先生ご自身はリーマン・ショックの影響は？

西堂　なかったよ。君たちと同じだけど、何もピンとこなかった。仕事に支障が出ることもなく、雑誌も通常通り刊行していたしね。景気に左右されて生きている人が被害を受けたけど、僕の基盤は自分で地道に作り上げていたから影響は受けなかった。自分で貧しさの最低ラインを設定しておいて、その上で自分の目線と思考を持っていたら、たとえ権威やステータスを失っても怖くない。貧しいってことは失うものがないってことだ。大学教授を辞めたっていいんだよ。

――　先生だったら本が何冊か書けそうですね。

西堂　「大学の外から見える世界」とかね。今の地位を失ってもキリギリスのように人生を楽しんで生きていけると思う。

第四章　二〇一一〜二〇一六　大学はどこへ向かうか――統制の下で

＊三・一一東日本大震災と原発問題

――二〇一一年と言いますと、やはり東日本大震災と原発問題でしょうか。

西堂　難しい問題だね。あの当時、僕は国際評論家協会（ＡＩＣＴ）の会長をやっていたので、世界中の演劇批評家から「大丈夫か」と安否の確認がきたんだ。その友人たちのために、急いで原稿を書き、その英訳を、メッセージとして送った。「震災による惨事へのＡＩＣＴ日本センターからのメッセージ」という文章で、ＡＩＣＴのＷＥＢマガジン「Critical Stage」に掲載されている。これが結構反響があった。その原稿は、今年の三月ミュンヘンであった震災を巡るシンポジウムで僕が口頭発表した。ベルギーのクンステン・フェスティバルという前衛フェスでもリーフレットに転載され、その後、「3・11と演劇」というタイトルで、韓国の演劇雑誌にも掲載されている。

その時に考えたのが、阪神大震災を含めて、これは日本人にとって二回目の経験なんだということ。ただ阪神大震災の時と何が違うかというと、領域がものすごく広がっていたことと、原発問題が加わってきたこと。これは阪神大震災と明らかに違う。阪神大震災の時は、東日本大震災と比べて復興の目処が立てやすかった。ところが今回に関していうと、復興のしようがないという雰囲気さえ漂った。それは文明論的な視座に立って対処しなくてはならない。ヨーロッパ人にとっても別の意味で二度目の体験だった。一九八六年のチェルノブイリ原発事故があったからね。彼らの対応が素早かったのは、そのためだ。とくにドイツは、これを機に原発稼働をきっぱり止めた。ドイツ大使館に勤めていた人たちもあっという間に帰国しちゃった（笑）。

あの時、僕はすぐに仙台の石川裕人さんって演劇人に連絡をした。仙台演劇界の第一人者の劇作家で、彼なら事情をよく知っているだろうと思った。その一ヵ月半後（五月八日）に東京で震災のシンポジウムをやった。その時期に福島県で公演を打とうとしていた二兎社の永井愛さんと石川さんをパネリストにお呼びして、日経新聞の記者の内田洋一さんと四人で座談会をやった（「シアターアーツ」四七号「震災後の演劇を語る」掲載）。対応としてわりと早かったね。観客の関心も高かった。六月には石川さんの野外劇公演を仙台まで観に行ったんだけど、その前に見た閖上地区、仙台空港の周辺は、やっぱり想像を絶するものがあった。本当に廃墟の山のようになっていて……。その瓦礫の山の中に小学生の使っていたランドセルが落ちていて、それに名札がついていた。名前があるってことは、生きているか亡くなっているか、ある程度は調べがつく。その時に震災というものがすごく生々しく感じられた。一人一人の中で「とんでもないことが起こってる」と……。

二〇一六年の三月に震災と演劇に関する本を編集するので、今少しずつ震災が起こった頃に書かれた原稿を読み直しているんだけど、ほとんどすべてが震災に触れている。何を観ても、震災に触れずに文章が書けなかったのだと思う。それだけ観る側は震災という大状況に巻き込まれている。震災という事態は、創り手はともかく、観る側の感性や価値観の転換を迫ってきているんだ。今でも凄い体験だったと思う。

その時、改めて「演劇は何ができるか」について、二つ考えさせられた。震災の日に、演出家の流山児祥は自分のアトリエ兼小劇場（スペース早稲田）で公演を打つことになっていた。電車が止まっているから客は二一人しか来ない。勿論お客さんの中には帰宅できない人もいるから、そのアトリエに泊まっていくんだ。その時そこは「劇場」というより「避難場所」になったわけだ。しかも地下だから耐震に強いんだね。そもそも劇場っていうのは人が集まって議論とか集会をするようなところで、決して孤立するような場所ではない。四日後に、僕はその芝居を観に行ったんだけど、出演していた北村想がスーパーでの買占め問題を揶揄して、「東京の人は冷たいねえ」とアドリブでポツンと言った。その言葉は僕の胸にグサッと突き刺さった。演劇ってそういう事態に対して、いち早く反応できる身軽な表現なんだ。その身軽さはとくに小劇場特有のものだ。

一方で、東京芸術劇場の中劇場で『南へ』を公演していた野田秀樹は、その舞台を中止にした。やれなくはないんだけども、彼は自粛したんだ。流山児は私立の劇場だからやっちゃうけど、東京芸術劇場というれっきとした公共劇場は、もし万が一のことに備えてやれなかった。公共の劇場こそ「避難場所」になれるはずなのに、そういうところこそやらない。なんだか逆じゃない？　これで感じるのは、最後の最後に頼りになるのは「プライベートな関係」なんじゃないか、ということだ。小さくてもそういった関係の方が耐久力があるし、信頼が置ける。

当時、野田秀樹は朝日新聞に「劇場の灯を消してはいけない」という文を寄せていて、それはなかなか考えさせる文章だった。非常事態に遭遇した時、自分は「灯を消してしまった」。彼はそのことをすごく悔やんでいる。「なぜあのときに公演をしなかったんだろうか」、その無力さに、日ごろ自分は「ロウソクを並べただけでも演劇はできる」なんて言っていたのに、いざ震災がきて自粛の同調圧力の波がきたら屈してしまった。そのことをとても恥じている。そんな文章だった。

その後の演劇を考えるにあたって、その二つの事例は覚えておくべきだと思う。直接震災の被害にあっていない僕らが、「事後の対応」という問題に気づかされ、「演劇とは何か」が問われた気がした。演劇の底力を試された気がするというか。

さっき言っていた近大フェスの「非常事態」というキャッチフレーズが、まさに現実のものとなったわけだね。それまでは一種の仮説や理論としての「非常事態」が、二〇一一年には現実のものになってしまった。もしかすると、僕らは「現実」に初めて遭遇したのではないか、そういった経験も戦後初めてだったのではないか。その経験をする機会を戦後七十年近く持たなかった。悲劇も喜劇もみんな他人事で考えてきたけれど、初めて現実のものとして突き付けられた。……そういう経験を僕らはしたんじゃないかな。

そんな経験をして君たちは人生が変わったりした？

―― 残念ながら。けれどこの震災について真に迫った理解というものを未だしていない気がします。それとこの震災に乗じてくる漫画や芸術というものに嫌気がさしたことを思い出しました。

西堂 僕がそのころ批判していたのは「震災をネタに使うな」ということだった。たぶん君も同じことを言いたいんだろう、「ネタに使うな」って。ヒューマニスティックな枠組みで書いている作品は、結局悲惨な出来事をドラマチックに利用している。そういう作品は確かにあったね。「初めて震災を演劇化した」といって評価されているものが。それは「評価する側」も問題なんだけどさ。

福島の大信ペリカンという劇作家が書いた『キル兄にゃとU子さん』という作品があって、それを六月に東京の小劇場で観た。鮮烈だったね。その作品は、震災でショックを受けた作者が、自分の心がどのように動いたのかを無我夢中で書き付けたものだった。物事が刻一刻と進展していく様をドキュメンタリー風に書いている。これは当時の空気を伝える鮮烈な舞台だった。ただドキュメンタリーだからか、完成度はあまり高くない。その作品のリーディングが、今年（二〇一五）三月にミュンヘンであったんだけど、震災四年後の今観てみると、震災三ヵ月後に観て感じたものとはずいぶん違った印象を受けた。こちらも冷静になっている。つまり作品に内在する構造の深度みたいなものを読もうとする。無我夢中になって書いたドキュメンタリー風のものは直後に観ると、いろんなものがヴィヴィッドに思えるんだけど、四年経ったらそのヴィヴィッド感はもうないよ。ひとつのドラマとして観てしまう。

―― 時事性が評価を左右するというような？

西堂　賞味期限という言葉があるね。それはとても難しい問題だ。震災直後と、四、五年後。今度出す本は、「震災から五年経ってどう考えるか」という切り口なんだけど、それはさっきも言った「文明論的視座」が求められる。「直後」だと、何を言っても許されるけど、いま震災のことを語るなら分析的に語らなくちゃいけない。

＊震災後を語る言葉と行動

西堂　例えば安倍総理がオリンピックを誘致する時、「原発は完全にコントロールされています」って言ったことがあった。「アンダーコントロール」という言葉を使って、結果、世界中を騙した。オリンピック誘致が「原発隠し」になっている気がする。オリンピックの話題作りによって震災での危機が隠蔽される。だからいまオリンピックの問題を考える時、震災の問題、原発放射能漏れの問題と安倍政権の国策問題を抜きには考えられない。そして原発を含めた震災の問題は天災だったのか人災だったのか、国の方針のミスだったのか、そういうことが五年経ったいま問われている。オリンピックの騒ぎで誤魔化そうとしたことが多々ある。そのオリンピックを強引に押し進めようとすると、必ずボロが出るよ。

それと東電って日本政府の肩代わり企業でしょ？　東電は事実上、僕らの税金で運営されていて、僕らは税金で東電を延命させている。そういう中でのオリンピック開催は、構造的に考えなくちゃいけないんじゃないかな。

僕らはマクロな視点での思考を要求されている。戦後七十年閉じられていたパンドラの箱が震災によってこじ開けられてしまった。その総括をいま僕ら一人ひとりが突き付けられている。

それは大げさかもしれないけど、震災後を生きていくことは、日本全体の問題を引き受けて考えていくことと密接に関係している。

日本をどうしていくか、っていう今、若者が立ち上がりつつある。インターネットを使いながら、呼びかけてね。インターネットは確かに浅薄な情報源かもしれないけど、使い方によっては新しい動きを作り出せる。

一〇年前にアントニオ・ネグリという哲学者がマルチチュードMultitudeについて語っていて、その当時、日本でも流行した。世界が〈帝国〉化していく中で、対抗していくのは有象無象の民衆である、という概念がMultitudeなんだ。いわば「多数派」のような意味。そのMultitudeがいま日本に出現しているんじゃないかな。いま起こっているデモも声なき声たちの、有象無象の力なき連中の集まりなんだ。でももしかしたら、これが新しい時代を切り開くかもしれない。十年前にネグリが理論として語っていたことが、いままさに日本で現実化しつつある。ふとそんなことを考えた。この状況を、注目していいと僕は思う。

――東京に住んでいる僕の友人が「デモに行こうか」と言っていたのを聞いて、デモは本当に起こっているのだと実感した。また大阪でも阪神大震災の被害者に出会い、その時に初めて「阪神大震災は本当にあった出来事なのだ」と思い知りました。

西堂 それは結局、「被害者にならないと事態を把握できないのか」ということだね。それってやっぱり「想像力の欠如」じゃないかな。被害者になってしまったらもう遅いんだ。被害者にならずに被害者の痛みをどうしたら知ることができるか……、実はこれは演劇の問題でもあるんだ。演劇には被害を受けた人間の代理をするという側面がある。自分は被害を受けなかった、でも被害を受けた人に成り替わってその人の出来なかったことを引き受けていくってことが演劇＝演技の持つ大事な役割だ。大震災のような問題は演劇が一番うまく扱えるんじゃないか。そのことの重要さを（震災を）経験していない人たちとどう共有し合えるか、発信できるか……そういう行為が演劇なんだ。

畑澤聖悟さんが高校生たちと創った『もしイタ』（『もしイタ～もし高校野球の女子マネージャーが青森の「イタコ」を呼んだら』）って秀作があるんだけど、この作品はまさにその問題に触れている。畑澤さんは高校演劇の枠を超えて海外でも公演をしている。この話は、震災で生き残った野球部の部員の話で、その高校生は弱いチームに所属しているけど、青森のイタコの力を借りて高校の予選を勝ち進んでいく。ついにあと一勝というところまで行くんだけど、そこでイタコの神通力が無くなって、最後の最後で滅多打ちにされて甲子園に行けなかったたってという話。この劇の後半にとても重要なシーンがあった。彼は被災地からやってきた転校生で、彼が元いた野球部の他の部員たちは震災でみんな死んでしまった。彼ひとり生き残って別の土地へ移って野球を続ける。そこで彼は高校の野球部員たちをイタコで呼び出してもらう。彼は、

「死んだお前たちを放って俺は野球をやっていいのか？」と問いかける。その時、元部員たちは「俺たちは死んでもう野球が出来ないんだから、お前が代わりにやってくれ」と励ます。まさに「代理」だね。そこが一番感動的な場面だった。畑澤さんはその作品で被災地を回る。無料公演で。舞台セットはいっさい無し。音楽はすべて役者の地声。それが彼にとっての演劇行為なんだ。それと同時に、演劇はこんなことができる、演劇を通じて被災の問題を扱うことができる……二重の意味ですごい作品だった。僕はこの舞台を二〇一二年富山で開催された高校演劇の全国大会で観たんだけど、打ちのめされたね。審査員をやっていたので、文句なく最優秀賞だった。

これは唐十郎の作品世界に通じるものを感じるんだよ。畑澤さんと唐さんの作品に共通するのは何かと言うと、それは日本が加害者であるということだ。唐十郎の作品に出てくるアジアは日本に侵略されたアジアなんだ。なぜそれを書けたかというと、劇団の主演女優の李麗仙が在日朝鮮人だったから。そういう被害を受けている立場の者が身近にいたから、日本の加害者性を書くことが出来た。畑澤聖悟も同じように、加害の立場というと語弊があるけど、被害者になれなかった者の立場で書くことができた。大きく言えば代理性の問題だ。そこで初めて、被害者／加害者を超える視点を持つことができる。時代は違うけど、唐十郎と畑澤聖悟は演劇の本質的な共通項として繋がるんだ。時代を超えたものを見つけることが、僕らにとって重要な課題になる。原発という大きな問題に対抗するには、大きな視座を持たなくてはならない。
いま僕らはようやく、被害者でしか持つことのできなかった視点以外のものを持つことができる。そして被害者にならなくては持てなかった視点を批判することができる。
「同調圧力」って言葉があったじゃない？ 自粛ムードみたいな。僕の経験からすればそれは二度目なんだ。

―― 一度目は？

西堂 一度目は昭和天皇が亡くなった時。テレビ番組でも、お笑い番組が消えていった。世の中全体が喪に服していく感じで、とても息苦しくなっていくんだね。そんな時に僕が一番見たかったのは、まさに「笑い」だった。今回の東日本大震災だって同じでしょう？ ＣＭも公共広告が目立つようになってしまった。そういう時に「不謹慎さ」をかえりみずに笑いの演劇をしたのがケラリーノ・サンドロヴィッチの『奥様、お尻をどうぞ』っていう、本当にくだらない芝居（笑）。彼は、今こんな芝居をやったら袋叩きにあうかもしれないと、覚悟を決めてこの芝居をやったんだ。これがすごく批評性があった。笑いによって僕らは一瞬だけど解放された。もちろん原発をからかうような場面もあって、ただくだらないだけじゃないんだけど。こういうものを僕は観たかったな、とこの時期は思った。

―― 伊集院光も同じ意図をもって、くだらないラジオ放送をネット配信をしていましたね。

テレビを見ても暗いニュースばかりで、この放送が救いになった人も、ケラのくだらない芝居が救いになったひとも沢山いたと思います。

＊メディアの変容

西堂　テレビも、ニュースでは似たような内容が繰り返し放送されていた。あの無策さにマスコミのどうしようもなさが露呈されてしまった気がする。もっときめ細かい情報や個々の生活の細部を取材できないものか……何だか大メディアが破綻してしまったような気すらした。むしろ小さなメディアの方が小回りがきく分、有力になっていった。そしてあの頃から、大メディアは決定的に力を失っていった気がする。個人の情報を発信する手段が普及したこともあるけれど、情報を流す大メディアは結局国家の御用機関だったり、代弁者にすぎないことが国民にわかってしまった。あの時に僕らは、本当に何が頼りになるかを知ってしまったのかもしれない。大新聞よりも部数は少ないけど東京新聞の方が自由に取材し、読み応えのある記事が載っていた。そういった身軽な媒体の方が真実を書けると、僕たちは知ってしまった。戦後七十年続いてきた民主主義社会の穴ぼこを見つけた感じがするよ。今まで頼りにしてきたＮＨＫや朝日新聞のような大メディアが、いざというときに使えなくなってしまった。それが二〇一一年に起こったことなんじゃないかな。もっと言えば、それらはすでに「わかっていたこと」で、問題なのはそれらが「明るみに出た」ことなのかもしれない。

そんな価値転換の時代に僕らは生きているんだ。小さなメディアが重要視されて、さらに確度の高い情報が求められる時代。そして僕らのような個人個人が自分自身の意見を発信していくこと。これがさっき言ったMultitudeだね。個人の持つ意志が力を持つ可能性が出てきたという風にも言えるんじゃないか。逆の形で、「ヘイトスピーチ」もあるけど。あの震災から四年経って、デモだとか、SNSという形で発信できるようになってきた。今までは知識人がリードしてきたことが、今は大衆の一人一人が真っ当な意見を世間に向けて言えるようになってきている。対して、まったく通用しなくなりつつある言葉が、政治家の言葉だね。世間に愛想を尽かされている。しかし愛想を尽かされながらも実権は持っているからやりたい放題やってるわけだよ。これで世間が「ふざけるな！」と立ち上がって、暴動までいくかどうか。韓国だったらとっくに暴動起こってると思うよ。

それじゃあ日本は韓国と同じように暴動になるのか？　ならないとは思うけれど、もしなったとしたら、韓国とは違うスタイルになるような気がする。ラップ歌いながらデモするとか、ふざけながらやってるかもしれない。今はそういうスタイルを探っている時期なんじゃないかな。

デモがメッセージを訴えるだけでなく、一つの表現として考えられてきたのも、間違いなく新しい局面だと思う。こういう時こそ演劇の出番じゃないか？　ただし、かつてのシュプレヒコール的なものではなく、もっとユーモアを交えたものが必要だろう。もしかすると演劇の形式革命みたいなものが起こるかもしれない。表現のスタイルの革命みたいなものが。昔あった機動隊と全学連のあのぶつかり合いはもう起きないだろう。そもそも、今の若者は、そんなフィジカルな表現を好まないし、負けると分っていて立ち向かったかつての闘争を、安っぽいヒューマニズムと受け取るかもしれない。もっとしたたかに、もっと賢く、もっと笑いに満ちながらやることを考えているんじゃないか？　それが君たちの特権だと思う。それは旧世代にはもう出来ないよ。旧世代は過去の栄光にしがみついて、国会を取り巻いたあの喧騒と怒号を引きずっている。けれど、今の若者はそんなものをやすやすと乗り越えてると思うんだ。

そういえば唐十郎は六〇年代に、仮装をしてデモに参加したって言ってたけどね。その時は周りから「何をしているんだ、ふざけるな！」なんて言われながら素知らぬ顔をしてふざけてたみたいだよ。彼なんか当時から、デモに「ふざけ」を導入している。演劇をするってことは、ひとつの尺度でこり固まったところに別の価値観をぶつけて揺さぶりかけるってことでしょ……相対化して別のスタイルを持ちこんだり。そうすることで表現を多様にしていくのが演劇という行為なわけだ。だから我が舞台芸術専攻がデモにどんなスタイルで参加するのかって興味あるよ（笑）。

僕はユーモアって大事なものだと思う。この間、伊丹のアイホールで上演された『阿部定の犬』（佐藤信作・笠井友仁演出）も「喜劇・昭和の世界」なんだ。昭和一一年という硬直化した暗い時代を表現するにあたって、佐藤信は「喜劇」って言葉を使っているってことは、非常に先駆的だね。だから今は「喜劇・安保法案」にしなきゃいけない。茶化していくような想像力を持ってね。安保法案を「なんでバカバカしいことやってるんだ」と、デモをしている側が笑殺するくらいでないと。

――つまり『阿部定の犬』は喜劇で正解だった？

西堂　最後に、「そう、昭和――とうとう終わったか」っていう名ゼリフがあるけど、根底には「なんだ、昭和ってバカバカしかったな」っていうものがあるわけでしょ。東京の座・高円寺でやった『阿部定の犬』のアフタートークで、作者の佐藤信さんは、『阿部定の犬』を書き換えてもいいよ、って言っていたんだ。どう変えるかというと、「そう、昭和――とうとう始まったか」と（笑）。そんな台詞があってもいいかな、と。また昭和という暗黒の時代が始まっていく、という書き方の方が今だったら刺激的かもしれない。

「喜劇」という言葉をもう一度持ち出す可能性のある時代だと思う。「笑い」って言葉の中には、「笑い飛ばす」とか「笑うことで殺す」「笑うことで見切る」っていうような、多様なニュアンスがある。けれど最近はボケに対するリアクションだけで、非常に単層的な笑いになっている。

佐藤信が言おうとしている「笑い」は、もっと複雑だよ。「苦い笑い」とか、「嘲り笑い」とか。ここが表現の最前線で問われているんじゃないかな。

＊日本の保守化と教育の反動化――憲法改正と教科書問題

――西堂さんは日々日本の保守化を感じているようですが、具体的には？

西堂　昔、川村毅が『ニッポン・ウォーズ』って作品を書いた。これは近未来の話なんだけど「最終的に日本が下した結論は戦争だった」って言葉があった。いろいろな問題を考えた末に行き着いた結論が戦争だった、と。これは一九八四年、つまり三十年前に書かれた作品だけど、今になってみると、実に的を得ている。戦争のために法整備をどうすればいいかってことを、現実に今、やっているわけでしょう？　そしてゆくゆくは憲法九条の改正に繋がっていく。文系よりも理系が優遇され始めたのも、役に立たない教養よりも軍事に役立つ産業を選んだってことでもある。しかも概して文系教員は政府に対して批判的だ。だから無力化して潰していく。でもこれは戦前の日本がさんざんやったことの反復であって、そのことを僕らは忘れている。だから野田秀樹は時々警告を発する作品をぶつけてくる。『エッグ』とかね。これは戦争時の日本軍の虐殺を扱っている。そう考えてみると、野田秀樹はこの時代に対して一番果敢にメッセージを送っていると思う。

――それと教科書問題にも関心が？

西堂　「関心」というより、一つのことを考えていくと玉突き状に関心がつながって、「教科書問題」にもたどり着くという感じだね。

育鵬社ってところが出している小中学校の教科書があって、その中身は戦争を美化するような内容が書いてある。その教科書が少しずつ採択され始めている。結果として、その教科書で学んで育った子どもたちには十年後、二十年後に教えられた価値観が残る可能性が高くなる。教育っていうのはじわじわと影響力を持つわけだ。初等教育から変えられてしまったら、こちらはもう手の施しようがないよ。そういう風に根幹から保守化が侵攻していってるんじゃないかな。だけど、今の日本には対抗する勢力がない。民主党も力が無いし。すると無力感に苛まれ、「何やっても仕方ないじゃん」「デモなんかやってもどうにもならないでしょ」とシニシズムに陥る。その結果、その人自身は内心政府に反対していても、実際に反対運動をしている人たちに対して冷水を浴びせかけるようなことを言ってしまう。これは敵に利する行為になる。シニシズムの時代って。こういう不健全な時代なんじゃないかな。

バカバカしいデモなんかをして、シニカルな人たちを巻き込んでいくことが必要になる。そういう知恵が大事になってくるんだ。ユーモアや喜劇精神を持ち合わせていないとシニカルな人たちを味方につけることができない。むしろ敵対関係をつくってしまう。そんなときに演劇とか芸術の果たす役割は大きいよ。

僕たちは社会の一員に組み込まれていて、そこから逃れられない。だから、自分が関わっていることで、自分が果たせる役割ってのを積極的に探すべきだと思う。

君たちはどう思う？

―― 学生生活があと一年と少しで、未来に何かを活かせるのかな、と不安になることがあります。

西堂 例えば、デモに参加する友人とかは近くにいないの？

―― いません。セクシャルマイノリティに関するパレードに参加する知り合いはいますが。

西堂 でも「安保法案」とセクシャルマイノリティは同じような問題を抱えているんじゃない？ つまり、少数派が潰されていく、ってことだから。別の世界に足を踏み入れて、「こんなにも苦しんでいる人たちがいるのか」ということを知れば、ずいぶん違ってくるよ。演劇をするってことは「動く」ってことだ。自分の足で、自分の意思で、自分の力で動いてみる。するといろんな関係が開かれてくる。そういう表現形態なんじゃないかな。演劇に携わる人たちはそういうことに一番向いている。

＊産学協同と近大マグロ

――そこでいよいよ近大マグロについて。

西堂　「産学協同」って言葉にピンとくる？　大学闘争ってものが六〇年代にあった時に、真っ先にやり玉に挙げられたのがこの言葉だった。大学の理念は「大学は企業のためにあるわけではなく、学問はもっと自立するべきだ」ってものだった。ところが今、企業に対して役に立たない学問なんか意味がないと言われ出した。企業に接近して共同研究すべしという風潮すらある。けれど、企業にとって即戦力になる人材を大学は育てていない、と。当時の状況から見ると、完全にひっくり返ってしまった。そのことが逆手に取られたもっとも象徴的な例が、近大マグロではないか。

近大マグロが今の完全養殖にたどり着くまでに、悠に三十年はかかっている。その間には試行錯誤の二十年があるんだよ。その二十年のうちに研究が打ち切られてもおかしくなかった。成果が出なければ「無為」だからね。多くの基礎的な研究ってそうやって「ポイ捨て」されていく。でも今の近大マグロの状況を見ていると、そのポイ捨てされそうな時期のことはひとつも触れられていない。結果として「理系万歳」の風潮が出てきた。文科省の方針を見せつけるために、暗い部分には触れずに、成果という上澄みだけを利用されている。ここのところの近大マグロの過剰な露出は、タイムリー過ぎて、作為的に見える。「マグロで成功した」という成果の背後に、もっと大きなものが隠されている。その点、創立者の世耕弘一氏は、基礎研究の重要さを認めつつ、実学との結合を考えていた。この理念が大切なんだ。

実際、近大マグロの「無為な二十年」も実質は無為ではなかったわけだよ。実績が出なかっただけで、確実に積み上げていっている。そして舞台芸術も、この「無為なる二十年」の渦中をやっているわけだ。基礎研究があって初めて成果が上がる。でもこの二十年の基礎研究を全部なくそうとしているなら、大変な錯誤だと思う。文科省のこのところの方針を見ると、危険性をひしひしと感じるね。

大学教員が研究助成の補助金をもらう申請書の提出を義務付けている大学がある。それで万が一、文科省からお金を引き出せたら、大学側としては助成金をもらう実績になる。そもそも申請するのが義務付けられるという制度化は明らかに本末転倒で、研究の自由さを疎外する。そうやって大学教員は日々圧迫されていく。

そんな中で僕らは、芸術や演劇には「意味のないものにこそ〈意味〉がある」という論理を立てなくてはいけない。例えば、本物の演劇に出会うためには、ギリシアまで行って野外劇を観なくちゃならないと声高に主張したりね。無駄かもしれないことに、意義がある、と。

つまり、近大マグロを養殖するのと、演劇をすることは、同じくらいに大事なことなんだと主張できなくちゃいけないんだ。同じように社会に還元できることをやっているんだ、ということを言えないと駄目なんだ。

＊演劇の使命

西堂　それは多分、初めて君たちの世代に託されたことだよ。今までは「好きだから演劇やってます」で良かったわけだけど、もう一歩踏み込んで行かなくてはいけない。「公共性」って言葉が意味を持ってくるのは、この次元だ。演劇も公共財である、下水道も必要だしライフラインの整備も必要だけど、演劇もそれと同じくらい必要なんだと主張していかなくてはいけない。

　今までは、演劇は大切だけど生活が安定してからだという扱いを受けてきた。言ってみれば、「敬して遠ざけられる」ような態度だ。でもそれでは駄目で、生活に必要なものだともっと理解してもらわなくてはいけないし、演劇がなくなったら生きている意味がないと思わせるくらいのインパクトを与えなくちゃいけない。それくらいの存在理由を見つけないと、近大マグロに負けちゃうよ。

　少し入り組んだ話だけど、世間での近大マグロの扱いをみると、むしろ演劇の必要性を感じるし、その理屈を引き出さなくちゃと思えるんだ。これはシンプルなことなんだけど、言い方が難しいね。

例えばピアノやバレエは金持ちの子が習うものだと思われてる節がある。同じように、芸術は金持ちの贅沢品だってイメージが、僕らの中にもあるんじゃないかな？　少なくとも「無い」とは言えないと思う。だから芸術家は、「分るやつだけ分ればいい」なんて言い方をして独走していってしまう。そして一般市民と乖離していく。すると今度は乖離に歯止めをかけようとして、大衆に迎合していく。果たしてこれは芸術をリスペクトしていると言えるのだろうか。その間隙を縫った適正なあり方、そのモデルケースをつくり出さなくてはならない。

僕が授業でよく言うのは、十九世紀までの芸術は、特権階級のやるもので、モーツァルトのような選ばれた天才のものだった。しかし、二十世紀になるとそれはもはや成り立たなくなった。どうなったかというと、芸術は普通の人が自らの生活をより豊かにするための道具になったということだ。ここから芸術は、「選ばれた人間だけがやる」神の座から引きずり降ろされた。けれど僕らの時代の芸術は、そこから完全に引きずりおろせないまま宙空をさまよっている。いまは、普通人がそこそこいい芸術を作れる、そんな時代なんじゃないかな。

繰り返しになるけど、演劇には人間の集団や共同体の中に表現する根拠があり、それは人間力の総和なんだ。だから、演劇が弱くなると、集団や共同体も衰弱していく。よく演劇は、「社会のバロメータだ」と言われるけど、演劇という思想は、単なる娯楽や消費材である以上に、社会をつくり出す行為であり、社会的活動なんだ。そこに演劇の使命を感じる。

＊授業や大学に関して

――学内の作業としてはどうでしたか？

西堂　僕はＴＯＰ系を担当して、いろんなことに着手したけど、たいがい不発に終わったね（笑）。成功したら大きかったと思うのは、二〇一二年頃に模索していた「芸術監督制度」だった。学生の中に「芸術監督」を任命して、その人を軸にいろいろな行事の企画を立てるというシステムの構築。新入生歓迎公演や生駒祭、自主公演などを授業公演と併走させ、とくに重要なのは、教員から独立した自主管理組織で、一年の計画をつくること。教員と対等にテーブルに付ける役割を持った人物を軸に運営していくというシステム。学生集会も開いたんだけど、当時の二回生がやったこともあって、上級生から心配の声が上ったり、先生方も、そんなことできる学生がいるのかね?と懐疑的だった。「もしやるんなら、西堂さんが張り付いて見張らなくちゃいけないよ」とまで言う先生も出てきた。学生のことを信用してないなぁと思ったけど、実現していたら、画期的なシステムになったと思う。芸術監督に負担がかかりすぎるとか、リーダーがいるのかといった懸念ばかり考えてしまって前に進めなかった。学生同士でも、芸術監督を規制する役と捉えて、企画を審査されるのは嫌だ、といった意見も出たりして、理解も浸透しなかった。

イベントはよくやった。とくに「劇トーーーク」と称して、新任の先生の紹介を兼ねたトークとか、先生同士の対談も企画した。ただ司会進行ができる学生がなかなかいなくて、もう一つ突っ込んだ議論にならなかった。普段から学生同士で真剣に議論する習慣がないから、緊張しすぎたり、概してトークが下手だね。

大学間交流というのもいくつかやった。大阪芸大とは互いの大学に行き来したり、最後は大芸の山本健翔先生と僕の対談をブロッサム・カフェでやるまで漕ぎ着けた。打ち上げも近くの小料理屋でやったけど、三〇人くらいいたかな。二大学で交流すること自体、めったになかったから新鮮だったね。でもこれも個のレベルに留まって、自然消滅しちゃった。

フリーペーパーや印刷物もよくつくった。前に、新アート館構想のフリーペーパーの話をしたけど、毎学年、何らかの形でフリーペーパーやフライヤーをつくった。一番完成度の高かったのは、「シアタービューイング」という情報紙で、二三期の四回生が卒業前までつくったけど、結局下級生に引き継げなかった。やはりこういう規模のことは、思い入れを持った個人が頑張るしかないのかな？　授業枠でやるという手はあるけど、結局持続しない。サスティナブル（持続可能）なシステム構築が難しい。雑誌は二〇〇六年に「Re―V」というのが出たけど、一号雑誌に終わった。これも個人の頑張りだったね。唯一続いたのは「近大演劇」。これは卒論を掲載するのがメインだから、毎年一定の分量の原稿が集まる。だから自然にできていく。

――同僚の教員に言いたいことはありますか？

西堂　「大学は実験の場である」と唐特別講義で言ったけれど、先生たちはこの大学という場を利用して、もっと実験した方がいいと思うし、またできるはずだ。学生を前にして、失敗してもいい冒険を繰り返したらいいと思う。せっかくだから、若い学生と一緒に新しいことを探ってほしい。反復すると理解も深まるし、自分にとっても勉強になるけど、若い協力者が目の前にいるのだから、もっと信頼して探り合っていいんじゃないかな？　みんな手の内でやってる感はあったね。唐さんは、「自分は学生の血を吸い取る吸血鬼」だと言っていたが、それくらいの意識で接した方が、互いに実りあると思う。授業枠で喋ったことをもとにして、僕はずいぶん原稿化した。考えてみれば僕は学生をずいぶん活用していたね（笑）。学生も授業で先生の喋っていたことが、こういう文章になったのかと思ってもらいたいし、原稿の一端を担っているくらいに自負してくれてもいいよ。

僕は近大に勤めた一八年間で、単著七冊、共編著をこの本を入れて五冊刊行できた。全部で一二冊だから、ちょうど一年半に一冊のペースだ。これは僕にとっては良いペースだった。雑誌に関しては、「近代演劇」の一六冊を含めると、悠に六〇〜七〇冊つくっている。仕事がしやすかったね。文系学部の先生はもっと本を書くべきだと思う。夏休みや春休みがあるのだから、まとまった時間があるはずだ。そのことに関しては、正直物足りないね。もっと互いの研究に触発されて他流試合をやりたかった。超ジャンルという文芸学部の理念は、風前の灯だね。

会議をやっていても業務の情報交換ばかりで、創造的な議論なんか出ないからね。僕みたいにシンポジウムやセミナー好きの人間にとってみると、こうした会議はなくていいものだと思う。竹内敏晴さんの言葉に「したくないことはしない」というモットーがあるけど、会議は本当に議論を尽くした場になっているんだろうか。会議をこなすことで、仕事やってますと自他を納得させているんじゃないの？　この前もある運営会議で、開催したという事実が文科省に提出する資料の材料になると委員長に言われて愕然とした（笑）。教員もまた実績主義という か、数字に惑わされている。

でも本当は僕、会議好きなんだよ（笑）。シンポジウムに僕ほど参加、出席している批評家もいないよ。

＊関西について

――関西での十八年はどうでしたか？

西堂　とても有意義だったね。もちろん、手ばなしで礼讃するわけではなくて、不満もいろいろあったけど、総合的に見ればプラスの方がはるかに大きかった。正直、東京にちょっとうんざりしていた頃だったので、太田さんに声を掛けてもらって勇んで来た。友達もたくさんできた。よく「気の置けない友達」という言葉があるけど、そういう仲間が大阪にいっぱいできた。これは間違いなく僕の財産だね。文芸学部の同僚の先生もユニークな人が多かったし、居心地が良かった。良すぎるぐらいだった。高校演劇を通して知り合った演劇部顧問の先生たちにもシンパシーを感じたね。同世代の人たちが苦労しながら頑張っているのを見ると、頭の下がる思いがした。なかなか出会えない方たちだったので、これからもお付き合い願いたい。

卒業生も僕にとっては、貴重な「仲間」だった。年が離れていても、卒業して何年か経って二十五歳超えたら、もう対等の関係だと思っている。劇場なんかでよく声をかけられるようになった。僕は卒業生も含めて「近大生」なんで、十八年間でどれだけの仲間ができたことか。

大阪に来ていると、時間の流れが心持ち東京よりゆるく感じられる。それに僕には定住志向がないので、いつも仮住まいの気楽さがあった。書生気質っぽくて、これもよかった。

それに大阪を拠点に、ずいぶんいろいろな所に旅行に行ったね。授業や会議の隙間の日があれば、一泊二日とか二泊三日とか小旅行だけど、近畿圏はもとより、四国、中国、九州。西日本はほぼ行き尽くした。近畿圏でも奈良や和歌山、三重など、なかなか東日本の人間には足を伸ばせない地域も気軽に行けた。自分の生き方を再点検してみる時、この十八年間はものすごく充実していたと思う。学生ともよく旅行したけど、まだまだ十分に学生に還元できてないね。これが心残りだ。

——最後に学生に一言。

西堂 お付き合いいただいて、本当に感謝している。もちろん代々の学生に引き継いていくので、個人にというわけではないけど、総体的に近大のゲキセンの学生は一筋縄で行かなくて好きだったな。たぶんこういう感慨を持つことは後にも先にもないと思うよ。それくらい良い出会いを重ねてきたと思う。ホントに感謝するよ。

［聞き手＝小田嶋源、中瀬良衣、幸田美帆子、上谷晋一］

二〇一五年九月五日、奈良県洞川温泉の旅館にて

【補論1】

手段としての〈フェスティバル〉――予期せぬ領域をつくること

「第一回　近畿大学芸術フェスティバルを終えて〜」

西原　亮

二〇〇二年三月三日。「近畿大学芸術フェスティバル」の象徴であった廃倉庫、D館にて各参加者入り乱れてのライヴをもって、全七十五プログラムが無事終了した。二〇〇〇年一二月より約一年三ヵ月、実行委員の頭の中をぐるぐる回り続けた〈フェスティバル〉という得体のしれないシロモノが、目に見える形で終演を迎えた瞬間だった。参加アーティストは二百人、訪れた観客数は、のべ三千人。へなちょこな妄想は、思いも及ばなかった形に収束し、現実となって着地した。

あれから間もなく一年が経つ。D館も今はもうない。実行委員として作業を共にしたメンバーたちも、今は散り散りである。出演したアーティストたちもそれぞれの制作現場へ帰っていった。時間の経過や環境の変化によって、どんな物事も甘い回想や青春の一頁へと陥ってしまうことはよくある。「あの頃は良かった」という一言が、臭い物に蓋をする。思考停止の常套句となり得る。あのフェスティバルも、思い出の一頁となる日も近いのではないか。そんな不安が私にはある。

そこで今一度、性懲りもなく〈フェスティバル〉の話をする。「あの場所で何が起こっていたのか」を再考する。いい思い出――それは特例化している。例えばあのフェスティバルが、突然変異や、奇跡的なものとして捉えられる限り、催した意味は失われてしまう。フェスティバルが日常へ溶け込んでしまうことを求めて、私たちはこのイベントを起こした筈だ。「ほんとにみんなよく頑張ったね」という言葉で終わってしまう類のものではなかった。それが希望なのだ。

最終日、全てが終わった後に感じたのは、感動や達成感ではなく、まだまだだ、という思いだった。終わった時の方が、ずっと冷静でいられた。それは、このフェスティバルが、決して一過性のものではなかった、ということだろう。実は今もずっと続いている。あの時、あの場所で提示された問題は、何一つ解決していないと思う。あまりにも抽象的で全体的な問題を、はっきりした具体的な形で自分たちの手元に引き寄せるために、つまりは問題をはっきりさせるために、あのフェスティバルは開催されたのだ。

今、目のまえにある現実はあのフェスと地続きだ。だから、発端は誰でもいいし、どんなことでもいい。自分たちの日々悩む漠然とした問題に、芸術という媒体を用いて切りこんでいく場を設ける。それが自然と〈フェスティバル〉になっていく。「フェスティバル」などと銘打たなくとも、毎日の生活がフェスティバルに似ていく。それはつまり、人間の生活を刺激的なものに変えていく、ということ。「近畿大学芸術フェスティバル」という名前に託して、私たちは自分の中にあった漠然とした疑問をすっきりさせたかっただけなのだ、実を言うと。

漠然とした疑問――それは、芸術を取り巻く「ごくあたりまえなこと」への疑問。たとえば、演劇と言う名の「額縁の中の会話」が平然と続けられることへの疑問。〃つきあい〃で芝居を観に行くことへの疑問。演劇、ダンス、音楽……舞台の上で、見えない境界線が引かれることへの疑問。ギャラリーで絵画が展示され、劇場で演劇が行われる、そんな根本的な事への疑問。ごちゃまぜになった未整理な状態で、大小さまざまなクエスチョンマークに慣れてしまうことを拒みたかった。その「拒む」という行為が、「フェスティバルを開催すること」だった。私たちは、準備の段階から、この〃フェスティバルを興す〃という「行動」に対する評価を頂いた。これは、開催後も同様だった。私たちも、「拒む」ことは可能だ、とわかっただけだった。それは、このフェスティバルが、日本における芸術の在り方そのものをテーマとしたからだ。このフェスは、従来の芸術の在り方を、少し揺さ振った。その揺らめきは、芸術に関わる者(パフォーマーと観客)に、わずかな希望を与えた。それがこのフェスティバルの成果の全てであった。

もう一歩踏み込みたかった。今、本当にそう思う。「行動／フェスの企画・開催」への評価から、「内容／プログラムの総体」の評価へと思考が深まっていくには及ばなかった。（もちろん各作品への賛否両論は大いにあり、議論は広がった。しかし、ここで問題にしているのはフェスティバル全体について、である。）このままの想像力では現実に追い越される。もっと先へ、深く、激しく向かわねば――閉幕後、私はそう感じた。だが、しかし、〈フェスティバル〉は芸術と人間の生活を取り巻く諸問題を考える手段だ。あれやこれやと難しい顔で悩むより、〈フェスティバル〉をつくる過程で感じていくのが得策。だから「第二回」はチャンスだ。なぜなら、より具体的なテーマへと潜り込んで行けるのだから。

二〇〇二年三月六日、フェスティバル実行委員会全員が集まっての反省が催された。各フェスティバルの担当者による報告が行われ、実行委員各々が自由に意見を出し合った。その際、多くの具体的な反省点、改善点が挙げられたが、ここでは頁数に限りもあるため、私が担当した「演劇フェスティバル」についてまとめておく。「ネクストウェーブの発見」をテーマに七団体による演劇作品の上演と、その作品をめぐるアフタートークが開催された。団体の内訳は、近大演劇・芸能専攻出身団体が三つ、現役専攻生による団体が二つ、大阪芸術大学出身団体が一つに京都造形芸術大学現役生団体が一つである。会場がキャンパス内五ヵ所に点在していたのも、このプログラムならでは。会場の大小や雰囲気を生かした作品が想像されたのは成果といえる。

アフタートークは、未知数の企画で、打ち合わせの不十分さを痛感したが、作品によっては、ピリピリした緊張感の中、深く突っ込んだ議論の場が生まれた。なかでも、一番印象的に憶えているのは、dots（京都造形芸術大学）の公演「S・i m」終了後に行われたアフタートーク。「パフォーマンス」という言葉、あるいはジャンルを通して、「演劇とは何か」「言語とは何か」という地点にまで話が及んだ。終了予定時間になっても出演者と観客との対話はとぎれることなく、キャンパスを退出しなくてはならないギリギリの時間まで討論は続けられた。この現場に立ち会えただけでも、アフタートーク企画を設けた意義はあったように感じた。また、もっと踏み込んで、参加団体が互いにそれぞれの作品を観て、意見の交換を行うことができる場を設けても良かったと思う。もっとこういった企画が、日本の演劇公演でも頻繁に、身近に、肩肘張らずに行われれば良いと考えている。

人手、機材、予算の慢性的な不足や、打ち合わせの不足によってスケジュールの決定が遅れたことなど、企画を実行する段階での問題は多かった。これはこのフェスティバル全体を通して言えることである。この問題は、実務的なものであり、これから意識的に改善していくべき点である。また、企画を実際の作業へ置き換えていく予測の能力が欠けていた。つまり企画者の発想と技術系の能力とのバランスをとっていく、という段階が抜け落ちていたと思う。

賞与もなく、それどころか交通費すら満足に出せない。そんなフェスティバルに参加した団体が、口を揃えて言ったこと。それは「今まで自分たちの作品を観たことがない人たちに、自分たちの作品を観てほしい」。そうした意志をもった集団というのは実に行動的だった。会場は確かにこちらがセッティングしたが、そこから自分たちの作品を最適な上演環境で発表しようという部分では本当によく動いた。ただし、それは利己的な側面でもあった。フェスティバルが完全な「売り込みの場」となった瞬間でもあったわけだ。しかし、また別の瞬間、フェスティバルは共同体となって動いた。ごく自然に、気楽に語らいの場が持たれ、共同創作が行われた。フェスティバル関係者のために設けた炊き出しの場で、それはすでに始まっていた。〈フェスティバル〉で本当に面白いのは、そういった表のプログラムには表れない部分かもしれない。実際、そういった「互いの境界が取り払われる場所」が、公演の合間に観客も実行委員もアーティストも訪れる「アートマンション」であったりした。これは私たちが予測していたのとは違う機能の仕方だった。

「近畿大学芸術フェスティバル」は、その時々の応じて表情を変えた。気紛れであり、予測不可能なものだった。〈フェスティバル〉は私たちが考えるよりずっと制御不可能なもの。逆に、開催期間中、「枠にはめよう」としている自分に何度も気が付いた。ハプニングこそがチャンスであるということに、もっと身をまかせて良かったのだと思う。企画は、このフェスティバルがきっかけとなり、新しいイベントがいくつも立ち上がった。
そして、また今年も、別の〈フェスティバル〉を引き起こそうとしている。先日、その話を聞き、主催者に会った。単純に嬉しかった。無い知恵を絞りながら、「企む」のは楽しい。結局は、自分がやっていて楽しいかどうか、といった平凡で個人的な話になってしまうのだけれども。

（にしはら・りょう）

（「近大演劇二〇〇四」より転載）

【補論2】

唐十郎と近大演劇　これまでの上演作品から

西堂行人

一　「唐版・風の又三郎」

近畿大学と唐十郎が緊密な関係を持ったのは、この二〇〇四年の卒業公演がきっかけだった。三時間半の大作が若い学生たちによって上演され、七〇年代中期の伝説の名作が蘇った。松本修も唐作品の演出は初めてで、学外からも注目を集めた。この余勢を駆って翌二〇〇五年二月二六日から三月六日まで開催された「第三回近畿大学芸術フェスティバル――唐十郎～日本のシェイクスピア」では、リニューアル・ヴァージョンが上演された。エリカを演じた山田美佳が鮮烈なデビューを飾り、今回『腰巻きお仙・義理人情いろはにほへと篇』（二〇一〇年）の演出助手を務める小林徳久が二回生ながら宮沢先生役で舞台を踏んだ。同年一〇月には東京公演（新宿／シアター・ブラッツ）も実現し、多数の演劇人、演劇ファンが詰めかけ、連日大入りで大好評を得た。

二 「ジョン・シルバー」

二〇〇五年から始まった「演劇表現実習Ⅲ」（通称「唐松ゼミ」）の最初の公演は当時の三回生の学生が主体となった。二組のヴァージョンで上演され、初岡早織、小林徳久が演出を担当した。学生主導で、教員が監修で加わるというスタイルがここから始まった。特異なキャラクターが多数登場する唐作品は、学生にとってもやりがいがあるもので、言葉が身体を通して声になる時、驚くほどからだがしなっていく。この授業公演に並行して、文芸学部三〇一教室で「唐十郎特別講義」が計八回行なわれ、学外からも聴衆が多数参加した。

三 「少女都市からの呼び声」

これも授業発表の枠組みの中で、今回は二回生による「演劇表現・作品実習Ⅱ」。ただし公演会場は普段卒業公演などを行なう日本橋の近大会館で、規模も格段に大きくなり、スタッフなどは卒業生の手を借りる本格公演となった。今回も「わた雪組」「ぼたん雪組」と二組に別れ、主役の雪子を森レイ子、村上真奈美が演じた。前期は唐十郎教授の戯曲講義があり、ストリンドベリ、イプセン、テネシー・ウィリアムズなど彼が学生時代に親しんだ作品を読んだ。唐氏による独特の解釈と正統な読みが交錯し、唐戯曲の基盤と飛躍の謎の一端を垣間見た思いがした。

四　「動物園が消える日」

「唐十郎演劇塾」が二〇〇七年度から開講した。授業枠から離れ、本気で演劇をやりたい者たちが集まって唐作品を上演することを目的とした「演劇塾」。唐十郎教授は月に一回来校するが、その間は学生やOBが自主的に稽古を積んでいくというシステム。教師が手取り足取り面倒を見てくれるわけではなく、学生の自発性が尊重される。その第一弾が九三年に初演されたこの作品である。この舞台でも森レイ子が主演した。どうやら唐劇でこそ光輝く女優はいるようだ。一五期生の小林徳久は卒業生ながら演出助手として参加。このやり方が今後の基本となった。

五　「少女仮面」

これまでの唐作品の中でも特筆に値する上演だった。二、三回生中心とした「行水組」と一回生中心とした「湯上がり組」の二班が競う形となった。この公演はすでに「フェスティバル／トーキョー」（F／T）から招聘されており、唐、松本、西堂の教員三人で相談した結果、将来性ある一回生の組を主体に送り出すことに決定した。三月二八・二九日、東京池袋の芸術劇場小ホール1（現・シアターウエスト）にて上演されたが、この公演には演劇評論家や関係者が多数来場し、大好評だった。とくに春日野八千代を演じた久保田友理はスケールの大きい演技で注目を集めた。

六 「腰巻お仙・義理人情いろはにほへと編」

再び、秋のF／Tに参加した（二〇〇九年一一月二一・二二日、東京芸術劇場小ホール1）。大学演劇祭の最後になったが、演劇塾としては、大きな成果を手にした。前回の『少女仮面』のメンバーが学年を一つ上げて成長を刻み、舞台の精度も増した。

公演終了後、他大学との交流もあったが、東西大学交歓にまでは到らなかった。今回が唐十郎教授との最後の仕事となった。

《唐十郎演劇塾とは》

二〇〇七年度から開始された同塾は、以下のような募集要項を掲げて出発した。

唐十郎演劇塾　X年度受講生　募集

［活動内容］

劇作家・演出家・俳優の唐十郎教授（近畿大学国際人文科学研究所・所長）を中心に、未来の演劇を創造するための「演劇塾」です。

資格は問いません。これから演劇を意欲的にやり続けていきたい者、演劇に限らず、芸術創造の方面に進みたいと思っている者のための「場」です。

［活動形態］

月一回（原則として第三か第四の木曜日）に唐教授は来校されます。その時に合わせて、演劇塾は開講されます。その間の活動は、各自の自主性にまかされます。

秋に、大阪市内で発表公演を予定しています。

担当教員は、舞台芸術専攻の西堂行人、松本修の二名が当たります。

［参加方法］

「唐十郎演劇塾」参加希望者は、下記の応募用紙に、氏名、学生番号、所属大学、学部、学科、専攻等を記し、連絡先、電話番号、メールアドレスを添えて申し込むこと。

以上から分かるように、資格は問わず、学外からでも参加はＯＫ。ＯＢ・ＯＧも参加可能なようにした。

唐塾は劇団ではない。劇団という閉鎖的な関係の固着を拒み、誰でも自由に出入り可能にした。学生は四年間で離合集散する。その一時期を「塾」で研鑽すればいいというコンセプトだ。したがって、卒業後にもう一度勉強したいという者も受け容れる。これは教員と卒業生の相互の希望である。近大の演劇には、卒業後も三年以内なら教室を稽古場として無償で貸し出すというシステムがある。在校生の発表をＯＢ、ＯＧが見にくる伝統もある。（もっとも新戦力を物色するという目的もあるようだが。）

こうした良き伝統の上に立って、唐教授による「演劇塾」が出発した。

ここで「演劇塾」の構想を述べておこう。

演劇という現場に階級は存在しない。教員と学生も対等であれば、演出家と俳優もまた同様である。ともに「学び」「教える」関係は本来、人間同志の水平的な関係において成立する。だが、これが芸術ではなかなか成立しにくい。師弟関係や親分子分の関係が発生しやすく、一方的な押しつけになりがちだからだ。「塾」はこのような縦の関係を極力排除したい。風通しのよい雰囲気、学生の自主性が発揮できる雰囲気、教師はなるべく口出しせず、自由を保証する場の創出に手を貸す。

「演劇塾」は毎年新たに募集される。同じメンバーになることはありえない。ただ「集まり散じて人は変われど」、そこに貫通する思想や理念は変わらない。その思想と理念を核として、毎回人が入れ替わっても持続していくのが、「演劇塾」である。

唐作品の上演は、この「演劇塾」の一つの目標であり目的だ。学生にとって、「現代演劇の父」ともいうべき唐十郎の戯曲作品は、正直言って、力量を超える難物である。ハードルとしてはとてつもなく高い。

だがこの五年間、わたしは教員として並走しながら大きな発見があった。唐作品は、二〇歳前後の若者たちにとって実に最適なイニシエーション（通過儀礼）ではないか。唐の台詞が身体を通り抜けることで、からだの内にあったエネルギーが一挙に爆発する。そのエネルギーは若者たちを一歩も二歩も前進させる。のみならず、演劇というものの困難さ、巨大さ、そして強靭であるがゆえの深さやしなやかさ――それらに全面的に出会える。なぜなら唐作品にはそのすべてが備わっているからだ。だがそれを識るには、幾度か創造現場を経験しなければならない。つまり手間暇かけないと、唐十郎という巨大な壁には出会えないのだ。

こうして、決して安易ではない五年間が経過しようとしている。今年度で唐教授は退官する。せっかく礎石をつくった今、今後もこうした「演劇塾」が継続できないものかと、考えている。

〈唐十郎教授出講日〉

二〇〇五年度：①4／13 ②5／26・27 ③6／23・24 ④7／14・15 ⑤9／29 ⑥10／27・28 ⑦12／1・2 ⑧1／19・20（11／27〜29『ジョン・シルバー』／近大一〇号館八階演劇実習室）

二〇〇六年度：①4／27 ②6／1 ③6／29 ④7／13 ⑤9／28 ⑥10／26 ⑦11／16（11／17：近大産業理工学部四〇周年記念シンポジウム／福岡県嘉穂劇場）⑧（12／21〜23『少女都市からの呼び声』／近大会館）⑨1／25

二〇〇七年度：①4／24 ②6／21 ③7／19 ④9／18 ⑤10／16 ⑥12／6 ⑦12／

18　⑧1／22　⑨2／8　⑩2／20（2／22～24『動物園の消える日』／近大一〇号館八階演劇実習室）

二〇〇八年度：①4／23　②5／28　③6／18　④7／10　⑤9／26　⑥10／14　⑦11／5　⑧11／15（11／14～16『少女仮面』／近大会館）⑨12／10（3／28・29『少女仮面』／東京芸術劇場小ホール1）

二〇〇九年度：①5／28　②6／18　③7／16　④8／4　⑤10／7　⑥10／29　⑦11／12（11／21～23『腰巻きお仙・義理人情いろはにほへと編』12／2・3／東京芸術劇場小ホール一）⑧2010／1／19（最終講義）

（唐十郎演劇塾公演『腰巻お仙・義理人情いろはにほへと編』パンフレットより加筆、二〇一〇）

【補論3】

ＴＯＰ演習について

西堂行人

毎年のことだが、学生に「やる気」を起こさせるにはどうすればいいか。この古典的な課題に四苦八苦で取り組んでいるのが現状だ。そのためには、過剰な課題を与えず、自然発生的に向上心を芽生えさせること。しかしそこにいささかでも「操作＝マニュピレーション」的なものが入りこむと、学生はそれを敏感に察知する。そうして、先生に「合わせて」くれたりするのだ。これでは学生の自立性は生まれないだろうし、なにより先生に「気をつかう」学生は気の毒だ。なんとか学生と教員の水平的な関係を作れないものだろうかと考える。

まずは、教員である自分自身が面白がらないと、いい授業や演習の議論にならないだろう。今年度の授業でいちばん成果があったのは、「ＴＯＰ演習Ｉ」である。

この「ＴＯＰ系」はわたしの担当なのだが、いまだ何をやるのかわからない「系」だといわれている。そもそも劇場の「ドラマトゥルグ養成」だの「アートマネジメント」だの、まだ日本で職業になっていないものを志向しようとしているのだから、困難なことは分かりきっているし、ハードルもとてつもなく「高い」。開き直るわけではないが、分かりやすいことを是とする今日の行政（教育も同じ）では、その手探りの過程は評価されにくい。けれども、昨年もそうだったが、この「TOP演習」は、物凄くレベルの高い議論がなされている（と思う）。今年に関していえば、シェイクスピア学者も真っ青になるくらいの『ハムレット』読解ができた。オフィーリアは果たして必要だったのだろうか、に始まり、学生の純粋な好奇心は専門家が思いもつかない発想に結びついていく。後期の『ゴドーを待ちながら』では、全編を声に出して読むことで、いろいろな課題を見つけた。その知的な興奮は、わずか六、七名の受講者のみが享受できた喜びであり、もちろんわたし自身も一人で読んでいては気づかなかった箇所を初めて認識した。これこそ「大学」なのだと胸を張って言える。

少人数で毎週積み上げていったからこそ発見できた課題。それは誰が欠けても出来なかった集団的な思考だ。レポートはそこから見出された課題を各自が分担して、作成した。わたしにとっても、今後の『ハムレット』や『ゴドーを待ちながら』の講義にこの成果を活かせるだろう。

「TOP系」というのは、大学で今忘れがちな「知的な興奮」を組織することなのだ。そこから自ずと学生の自主的な行動が生まれるだろう。しかしこれはマニュアル化できる代物ではない。毎回集まった学生と、ゼロから何かを探る構えが教師の側にないと、押し付けになってしまう。正直言うと、昨年の「ＴＯＰ演習Ｉ」は、同じ時間にゆる〜い楽勝科目があって、大半の学生はそれを履修し、今まででもっとも少ない履修者数だった。したがって、四、五月頃のわたしは絶望と憂鬱で心が折れそうになった（ちょっとウソ）。しかし救ってくれたのは、わが愛すべき学生たちだ。忍耐強くやっていくうちに、チームが生まれ、思っても見ない鉱脈を探り当てた。教師といえども、肝要なのは、「学ぶ」姿勢であり、学生と同じ目線で対象に向うことだ。それはよく誤解されることだが、未熟な学生と「同じレベル」になることでは決してない。そうではなくて、ゼロ地点に「一緒に立つ」ことだと思う。

教師はいつも学生から学ぶものだし、そうあるべきだが、こうして相変わらず試行錯誤を繰り返す毎日である。

（近大演劇二〇一〇「一年を振り返って」より）

第Ⅱ部
Alternative KINDAI

学生たちの研究

【座談会】

学生トーク『ゲキセンって何？』

小田嶋源×木崎愛美×駒川梓×平澤慧美×西堂行人（司会）　ＴＯＰ演習Ｂの学生たち

＊ゲキセンという特異な専攻

西堂　今日は学生たちに「ゲキセン（劇専）」について、『ゲキセンって何？』というタイトルで大いに語っていただきます。

二〇〇六年に専攻名が舞台芸術専攻に改められたにもかかわらず、依然として演劇・芸能専攻の略称である「ゲキセン」という言葉が残っている、ということはみなさんいろんな思いや愛情があると思うのだけれども、同時に複雑な問題も絡んでいるとは思う。今日はそのあたりについて語っていただこうかな、と。

この専攻を考えるにあたってひとつ、興味深いサンプルがあります。ある教育関係の業者が文芸学部でアンケートをとりました。「後輩にこの専攻を勧めるか否か」という設問に対して、学部の中で（勧めるという回答が）一番低い数値が出ました。しかし、この専攻が気に入らないのか、というとそうではなくて、次の設問「いまこの専攻で充実しているか」には、「充実している」という回答が一番高い数値が出ていました。普通、後輩に勧められないような専攻なら、当然、充実度も低いと思うのだけど、それが逆比例している。この矛盾したあり様がゲキセンの特徴を端的に物語っているのではないか。一筋縄ではいかない複雑な問題をはらんでいると思えた。そのところを糸口に語ってもらいたい。

駒川　いま先生がおっしゃった矛盾は、ゲキセンのひとたちにわりと感じるかな、と思っていました。「後輩には勧めないけれど、特別不満があるわけでもなく、それなりに充実している」と思っているところですね。わたしはそのアンケートに答えていないんですけど、同じことを聞かれたら同じように答えると思います。この授業で先生がみんなに同じことを聞いたときも大半のひと……というか全員が「勧めない」に手を挙げていたんですけど（笑）、でもそれって、専攻に入ってから言えることですよね。みんな、専攻の実情に対する前情報がなくて、実際入ってみたらひとにお勧めできる感じではなかった。

西堂　勧められないってことは、就職するには不利だとか、演劇をこのまま続けていく者にとって果して有利なのか、とか、いろんな要因があると思うけど……。

駒川　それは、ひとによると思います。例えばお芝居などの実習系の授業をまったく取らないで論文で卒業しよう、それでいて芸術に興味があるってひとは就職に対して不安を感じていて、そういう意味でお勧めできないと思うし、演劇やダンスを志すひとたちがここに入ってみて、やっぱり違うと思ったら東京に行くだろうし、そのひとのゲキセンでの生活態度やあり方で違ってくるかな、と。

＊ゲキセンは排他的？

小田嶋　僕は就職とかではなくもう少し別の問題で（アンケートの結果が）そうなったのかな、と思いました。単純に「排他的」なのではないかな、と。排他的であるから後輩には勧めない、けれど充実している。自分たちは一番後輩としてゲキセンに入ってくるわけですよね、つまり自分が「異文化」に入り込む。時間が経つとだんだんゲキセンのひとたちと関わりが増えて、ゲキセンというコミュニティの一員になる。そのコミュニティはやいのやいの言いつつ居心地がいいと思うんです。僕はそうだった。そのコミュニティに後輩が入ってくることに対して、つまり異文化が入ってくるということに対して、若干過敏になっているのかな、と。高校時代の部活やバイトでもよくあることなので。

西堂　一般的に言えるってことだね。ここだけで起こり得ることじゃなくて。

小田嶋　そうですね。いまだ「ゲキセン」という言葉を使うひとたちがかなり多いのは、誤解を招くかもしれませんが、「ムラ社会」的なのかな、と。排他的な気質が若干強いといいますか。その気質が伝統的に受け継がれているのかな、とか。

駒川　それはわかる。一回生が入ってくるときに、絶対「新しい一回生めっちゃ怖い」って全員言ってるから。

西堂　上級生が？（笑）

駒川　ひとつ下の後輩、二六期生が入ってきた時、わたしたち二五期生は「めっちゃ怖い」って言ってました。でもそれは公演で関わることで印象が変わってきたり馴染んできたり。相手のことも分かってくるとそういう気持ちもなくなってくるんですけど。でも二七期生が入ってきた時に「いや二七期生めっちゃ怖いわ」みたいなことを二五期生は言ってた（笑）。だからいま小田嶋くんが言ってた「新しいものが入ってくることに対して過敏である」っていうのは、言えてるなあ、と。

西堂　平澤さんはどうですか。

平澤　わかるんですけど、そこまで難しく考えてるのかな、と思います。「排他的」といった感情はみんなあると思うけれど、わたしはそこまで難しく考えていないです。単に「楽しいか楽しくないいか」で充実度を答えている人もいるだろうし、「やりたいことを出来るか出来ないか」とかで「充実」の感じ方が違うだろうから……。後輩に勧めないというのも「他にいいところがあるんじゃないか」と思ったら勧めないだろうし。わたしは就職がゴールで、この専攻はあまり就職に力を入れているように感じられないから後輩に勧めないかな、とかその程度の考え方です。

西堂　さっきのアンケートからはこの専攻の特徴が出ているわけではない？

平澤　そうですね。あんまり思わないですね。

西堂　木崎さんは？

木崎　わたしの意見は駒川さんと平澤さんに似ていて、就職関連でやっぱり勧められない、ってそのアンケートには書きました。充実しているかどうかは、どうだろう……。

西堂　端的に言うと「来てよかったかどうか」だよね、「この専攻に入ってよかったかどうか」って設問は。最初から演劇やダンスをするんだという固い決意をしてこの大学に入ったひとが二年ほど経って、やっぱりこれからも続けていきたい、だとすればこの専攻に来たことはすごくプラスになったと思うか、続けていくには不満だと思うか、たぶんそんなことじゃないかな。

＊演劇と出会って

駒川　わたしは高校時代、演劇部に所属していたので、お芝居をやるつもりでここに来ました。それこそ入る前は「こんなことをやってみたい」「自分で公演を打ってみたい」とか考えてたんですけど、入ってみるとお芝居をやることはとても大変なんだということがわかりました。高校演劇っていかに援助されて、恵まれた環境でやってたかということがわかりました。お芝居する際にやらなきゃいけないことって本当はもっとたくさんあるんだな、ということを知って……それこそ入学した当初あたりは「これからも演劇を続けていけたらいいな」と考えていたんですけど、時間が経つにつれて「演劇を続けるということは相当大変なことだぞ」と気付きました。自分の好きなことは趣味程度に抑えておいた方がいいのかな、とか日和ってしまって……(笑)。

西堂　でも結論を出すにはあと一年ちょっとあるからね。木崎さんは就職をするの？　演劇と離れちゃう？

木崎　はい。

西堂　平澤さんは？

平澤　まだちょっと……。

西堂　たとえば戯曲を書くんだったら、働きながらでもできるけど。

平澤　わたしの場合は「大学で(演劇等は)やめる」って言ってこの大学に入ってきたんですけど、いまは続けたいと思っているので、ちょっとまだわからないです。

西堂　小田嶋くんはどうなの？

小田嶋　演劇に関することには接し続けていきたいな、と思ってます。

西堂　就職してやめます、とはならないってこと？

小田嶋　なりませんね。

西堂　そう決めたのは、君がこの二年半でなにかきっかけや出会いがあったってこと？

小田嶋　ひとつは授業ですね。いろんな授業を受けて、この大学に入らないと知らなかったことを知ることができたり、よくわからない演劇を観てそれが楽しかったり。演劇のことが知りたかったら演劇の世界にいないと知り得ないじゃないですか。それにそういう情報って数多くあると思うので。もうひとつは関西に引っ越したことですね。地元（愛知出）よりも劇場が多いですから。

西堂　「仲間たち」はどう？　ここにいるひとたちは？

小田嶋　出会えてよかったと思いますよ。二五期生でよかったと思います。

西堂　みんな高校時代までは、「演劇をやります」なんて言うと非常に少数派だったと思うんだよね。もしかしたら「小説好き」なんて言っただけで少数派になったり。そうやって少数派のところで生きてきたと思うんだ。けれど、この専攻はその少数派ばかりが集まってくる（笑）。話が合ったり、刺激を与え合ったり、引け目を感じなくなる利点があると思う。つまり大学の専攻を選ぶってことはそういうことだと思うんだ。同好の士に出会えたことのメリットって計り知れないと思う。それを利点に思えるかどうか、だね。

平澤　わたしは同好の士というよりも、一緒にお芝居をやって関わったひとが、意外に自分に対して新しい刺激や考え方を与えてくれるひとだったというのが良かったですね。普段遊ぶのは楽しいけど、お芝居をやる上では……、とか発見もあった。（付き合うひとを）選んでいるわけではないのですが、ただ単に付き合ってるだけじゃわからないこととか、物静かな子がとてもいい文章を書くとか、刺激のあるひとたちの中に自分がいると、やっぱり自分も楽しいし、そういう場に来れたのは非常に良かったと思います。

西堂　そうすると、やはり演劇を通した付き合い方が大事だってことだよね。演劇をともに学ぶってことを通じた付き合い方がプラスだったたってことだ。

＊演劇で何を学ぶのか？

西堂　そのさい、演劇を通して何を学んでいるんだろう？　それは「演劇とは何か」ってことを考えることに繋がっていくと思う。平澤さんも言われた通り、演じるという「フィクション」を通してひとと付き合ってみると、その人の本質が浮かび上がってくる、そういうことでしょ？　普段の付き合い方じゃ見えなかったものが初めてそこで浮かび上がってくる。表現という「フィクション」を通じたほうが、本質的なものが出てくるんじゃないかな。小田嶋くんもそういうところはある？

小田嶋　僕ば実技をやっていないのですが、それに際したことで。この前、卒業公演の報告会がありました。その場って自分たちが学んだことの集大成について語る場なわけですが……そこで卒業公演に関わったひとりが、ヘラヘラしたりボーっとしていたり粗雑な態度をしてました。それはつまり、自分がこれまで学んだことに対して粗雑な付き合い方をしていたということに見えるわけです。僕はそういうひととあんまり楽しく話せなかっただろうな、とか、その姿を見て「ほんまにいい加減にしてほしい！」って言うようなひとと関わっていてよかった。そういった温度差を感じてしまうと、寂しいところがあるな、と思います。

西堂　そういう者を生かしておく集団の弱さといのもあるよね、はっきり言えば。演劇やダンスを集団で創作する、これって他の専攻とはずいぶん違うあり方だと思う。その集団に対して自分はどうやって貢献していけるのか、嫌な思いをしながらも人を引っ張っていけるのか、そういう経験をたくさんするのもこの専攻なんじゃないかな。そこらへんが一番学べるところだと思うんだけど、どうですか？

駒川　おっしゃる通りだと思います。わたしが例えば別の専攻へ行っていたら、いま現在と同じようなことを考えているだろうか、とか考えます。それは就職のことであり、演劇を続けていくこと、踊り続けることとかもそうです。自分が学んでいることをこれからどう繋げていけるだろうか、どうしていけばいいかってことを、深く考えるきっかけを持つことが他の専攻では少ないだろうな、と。

この専攻はいつだって公演に関わることができる。公演に関わると毎日、三ヵ月ほどずっと同じひとと関わり続けなくちゃいけなくて、それはとても疲れることです。そのひとたちの嫌な部分とか見えてしまって。でも最後にはこのひとたちとまた踊りたいと思う。そうやってひとに関わるということについて自分の中で折り合いをつける、そういう意味でとても勉強になっているかなと思います。社会に出たときにも誰かと付き合っていかなくちゃいけないし。コミュニケーションをとるということについて学べる場所だなあと思います。でもそれに自覚的かそうでないかは大きいと思いますね。ひとと関わる機会を生かすか殺すかみたいなのは。

西堂　「自覚的」であるかどうかはすごく大事だと思うね。駒川さんはそれを上手くこなしている例だと思います。失敗した例もあるんじゃない？

平澤　やってしまったな、と思うのは、こちらが折れてしまった時ですね。なにかあったら「あのひととわたしは別」とシャットダウンしてしまっていた時期があったので、それはとても悪いことだったな、と思ってます。

西堂　それはいま少しずつ乗り越えていってるの？

平澤　まあ……ベルギーへ留学させてもらったのが大きかったと思います。（二〇一五年にベルギーのモンス大学と近大で芸術交流を行なったこと―註）シャットダウンなんかしてる場合じゃないんで。わたしからも相手を受け入れにいかなくちゃいけない、それが前提になって次のステップへ行くので、向こうのひとたちはそれがしやすい雰囲気を作るのが上手かったです。

自分は変わっても影響ないって思ってて……それはわたしが変わらなくてもなんとかなるだろうって意味ではなく……でも自分が進む方向を変えたりすればみんなそれに気づいてくれるし、呼びかけたら応えてくれるひとが多いということにようやく気付きました。

西堂　おそらくそれが「演劇と出会う」ってことだと思うんだよね。満足度の話で言うと、ひとりで何かを達成した時よりも、みんなでなにかを達成した時の方が喜びは大きいと思う。そのときに自分が活躍できなくてもいいんだよ。それでもみんなと達成した時の豊かさとかに気付けると思う。ひとりでは到底行きつけない目標にも、みんなとなら達成できるというのが集団表現としての演劇の特質で、これは他の専攻にはない利点だ。これは演劇が長い歴史の中で育んできたものだよ。そういったことにこの大学四年間に出会えれば御の字だと思う。木崎さんにもそういうことはあった？

木崎　過去何回か公演に携わらせていただきましたが、充実感とかはありました。

西堂　やっぱりひとりの達成感とは違う？

木崎　一度、演出助手をさせていただいたことがあるのですが、やっぱり稽古期間というのはしんどかったです。台本とノートとペンを持って、みんなが演技するのをずっと見て。自分がやるわけじゃないのに、台詞も動きもほとんど覚えてしまうくらい何十回も見ました。正直、飽きたなとか、私は必要なのかな、とか思ってしまったこともあるんですけど、それでもずっと見てると、同じ台詞を言って同じ動きをしていても、言い方や動き方はもちろん、タイミングや人との関係性など、まったく同じ演技って一回もないんです。それが面白いなぁということに気づけたのは大きかったと思います。まあ考えたら当たり前のことなんでしょうけど、初めて体感できたんです。あと、意見のぶつかり合いとか、みんなの葛藤とかをずっと見ていたので、本番を客席の後ろの方から見たときは、すごく込み上げてくるものがありました。

西堂　集団の一員になって創造過程に関われた充実感だね。

＊他ジャンルとの違い

西堂　なにが違うと思う？　よく「自己表現」って言葉があるじゃない。演劇って自己表現じゃないんだよね。むしろ逆で、他人を表現することだと思う。他人を表現することで、「自分はこんなことを考えているのか」「自分にはこんな特徴があるのか」ってことがわかってくる。初めから自分があってそれを表現するというのは本末転倒だと思う。そういった経験は他のジャンルではできない。集団創作というのは他人があってこその表現で、個人芸術とは違う。集団で作業することで、自分というものをより発見できることの喜びっていうのは、自分でなにかを表現することを超えちゃってる。それがこの専攻で一番手にすることじゃないかな。

小田嶋　戯曲を書いて、それを公演で使ったりとかしたんですが、そうすると自分が思ってもみなかった解釈をみんながしてくれたり、新しい表現を盛り込んでくれたりしてくれて嬉しかったです。それで思ったのが、自己表現自体はゴールではないのだな、と。

西堂　「僕」の表現から「僕ら」の表現に変わるんだね。ひとりの意見に誰かの意見が投影されたり、自分が考えてもみなかったことがいろんな視点から検証されたり。そのときに「俺のほうがすごい」と思うか「みんなはすごい」と思うかで結構差があると思う。その快感があるかどうか。「俺のほうがすごい」と思ったら「僕」の表現が勝っちゃうわけだ。でも「僕ら」の表現の快感をどこで得たかでだいぶ違ってくると思う。誰かの意見をもらう、誰かに批評されるっていうのは、自分の持っていなかった視点が与えられるってことでもあるわけだから。けちょんけちょんに言われることもあると思うけどね。

駒川　舞踊の作品を初めて創ったとき、面白くないから観に来ないでなんて言いたくなかったし、そう言ってしまうことは関わってくれた人に失礼だと思った。けれど自信満々でなんていられないし、不安な部分がたくさんあって……けれど終わったあと、「次も作品創ったら？」とかいろいろ言葉をもらって、「わたしはダンスを創っていいんだ」と思えました。他人と自分を比べてしまって落ち込んだことも多いけれど、ゲキセンの外に出てみるとまた違う意見をもらえたかもしれない。それに自分が思っているより他人の目は優しかったりするんだなと思いました。

西堂　そういった競争みたいなものがあるのはいいと思う。他人と相対化されることで自分が晒されていく。その時に自分の実力も推し量られる。そういう場がこの専攻にはあるってことだね。

駒川　そういった焦りのようなものは大事だと思いました。ソロダンスを創ったときも、みんながそれぞれの作品と自分の作品の差に焦っていて、ソロだけどみんなで創ったような気がしました。

西堂　この専攻のいいところは、そういった闘いの場を与えてくれるところだね。学生でも闘っている……プロでもアマチュアでも関係なく闘うことが前提とされた場としてこの専攻がある。もうひとつ、コンプレックスという問題もある。みんなそれなりにあるんじゃない？　でも劣等感がなかったら表現はしないよね。現状に満足してたり自分は優等だと思っていたら、表現には向かわないんじゃないか？　やっぱりそれは苦しいことだけど、みんなはあえてその苦しい専攻を選んでいるってことだ。そして自分のコンプレックスとどのように付き合い乗り越えていくか。これがそれぞれのモチベーションになってるんじゃないかな。

＊差異と表現の根拠

平澤　わたしは二回生の時に初めて戯曲を書いたんですけど、初めは書き方なんてまったくわからなかったんですが、先生の出したテーマ通りに書いて早々に提出したら褒めてくださったんです。他人と違う視点を持つのはいいことだよと言ってもらえて驚きました。今まで、誰かと同じじゃなくちゃいけないという環境があったと思うので。個人的なことなんですが、わたしは転勤族で、引っ越す度に誰かに合わせなくちゃいけなかった。そうじゃなければひとりになるかだった。だからひとと違う視点を持つことを受け入れてよいという言葉をもらったときは嬉しかったし、自分にとってもいいことだったな、と。

西堂　表現っていうのは他人と違うということを際立たせてくれる。それがなくては凡庸だとか言われてしまう。他人と違って変わっている自分を受け入れてくれて、それがプラスに評価される、そういう場がこの専攻じゃないかな。こういう場所なら生きていけるとかね。だから生きる場所としてこういう専攻があったりする。

木崎　わたしは他人と同じことをするのが苦ではなくて、自分を表現することの方が難しいです。今のひとに多いと思うんです。

西堂　木崎さんは今風のひとなの？

木崎　いや、それは……。

西堂　そうは見えないなぁ（笑）。

木崎　わたしもそう思います。

西堂　もうひとつ屈折してるよね。小田嶋くんはコンプレックスは？

小田嶋　ありますよ。毎日気付かされる思いです、劣等感を。あのひとはこれをきちんとできているのに自分はどうしてもできない、ってことを何かにつけて思いますね。ぼくは社会生活に向いてないと思います、甘えに聞こえるかもしれませんけどはっきりと自覚できるんです。自分の生きる場所をきちんと見定めなくちゃいけないと思ってます。だから大学出たらどうしようかなと考えているんですけど……。

西堂　避難場所として演劇があると思う？

小田嶋　まあ演劇なら、俺がいてもいいかな、と。避難場所と言ってしまっては失礼な感じはありますけど。

西堂　いや、避難場所って結構大事なことだと思うよ。社会にそういったものは必要だ、難民キャンプとか「いじめ」なんかで学校や社会から排除された人たちが生きられる場所を作らなくちゃいけない。「避難場所」という言葉をマイナスに考えなくていいと思うよ。

小田嶋　ぼくも他人と一緒のことをすることが苦ではないんですけど、たまに苦になるときが来るんです。ひとりが居心地よくても月一で誰かとご飯を一緒に食べたいときが来るんです。そういったときにゲキセンのような場があってよかったなと思います。

西堂　他人と一緒のことをするのが苦でなくても全然大丈夫。でも時に苦になるときもある。その両方に自覚的であるってことが大事で、表現の話にも繋がってくると思う。コンプレックスだけじゃなくて優越できる部分もなくちゃね。そういうことを自覚的に考えていくってこと。

小田嶋　わかります。ぼくもゲキセンで何かしているから「小田嶋はここにいていいんじゃないの」と思われている……と思えますし。

西堂　どこか一つ優れている部分がないとボロクズになっちゃうわけだからね（笑）。

小田嶋　ぼくいまボロクズって言われてますか？（笑）

西堂　火中の栗を拾うってことが何かを学ぶってことかもしれないね。できないことはたくさんあるけど自分にはこれがある、とひとつ胸を張れるものを持つ、そういうのも生き方の一つだと思うね。

駒川　そういうのは往々にして他人に気付かされることが多いな、と思います。

＊生きる場所

西堂　他の専攻とかに行ったら、例えば総合社会でマスコミの勉強をしてきたっていうのと、舞台芸術に来てダンスや演劇をやってきたというのはちょっと違うよね。その利点みたいなことをどこかに活かせないと、「なんでこの専攻に来たんだ」ってことになっちゃわないかな。なかなか大学の四年間では摑めないことかもしれないけど。

木崎　わからないですけど、ここだから世界が広がった、じゃないですけど、新しいことを知ったし知らなかったことも知って、直接は繋がらないですけど、広がったっていうのが……。

西堂　一番大きい、と。うん、直接繋がらなくていいんだよ。間接的にめぐりめぐって、「ああ、あそこで聞いたことがこういうふうに生かされるのか」って五年後十年後にふっと思い出せばそれでいいことでさ。たぶん直接的に結ぶつくこととは少し違うと思うんだよ。理系っていうのは実学的な要素があって、ここで勉強したことが会社に行って即実践される。けれども、文系みたいにジェネラルアーツ――一般教養、広い概念の教養みたいなこと――を学べるところは、なにかある時にふっと出会うんだね、遠いところで。そういういろんな考え方だとか、生き方だとか、多数派とはちょっと違う別の生き方をしている友達がたくさんいた、とかね、そういうことがなにかの拍子に繋がればいいのであって、そういうことも含めて大学で学ぶというよりは、経験していることになる。大学という場所で経験したことの総和っていうのは、実は各専攻や学問の領域によって違うんだ。前々から出てきたように、自己肯定感や自己愛が強いとか、自分を否定する自分嫌いが強いとか、こんなこと普通なかなか考えないんじゃない？　英語学科だったら。英語を習得することがほとんど九〇パーセントで。そんな中で「考える」っていうのは文学や芸術をやっている者たちの特権なんじゃないかと思う。何よりも自分に向き合うということだよね。自分と同時に、集団と付き合うっていう経験の大きさが、今の日本社会の閉塞感を打ち破るエネルギー源になるんじゃないかな。今時の学生の学び方は既定路線にどんどん狭められて、ここから外れたらダメだよって、日々ＤＭに脅かされるわけでしょ。そういうことから自由になるっていうのか、たとえばキャリアセンターに行こうとしてる同じ学年の足をちょっと止めるかもしれない。ああ、舞台芸術専攻の学生みたいな生き方もあるんだ、足止めて何か考えてみよう、とかね。そういう活性力になっていけばいいんじゃないかな。

駒川　でも現状、舞台芸術専攻とか芸術学科の人たちって今あまりそういう力は持っていないですよね。ほかに影響を与えるというか……。

西堂　だけど「影響力」ってわかんないよ。「ああ、舞台芸術の学生さんですか。いいですね夢があって」って……。

平澤　「舞台芸術専攻」って言うと、それができるから入ったみたいに思われるらしくて……私は元々はスタッフがやりたかったのと、「特待」（授業料免除―註）をいただけたから入ったという理由も大きかったんですけど、「舞台芸術専攻に入った」と言うと、芝居ができるから、スタッフワークができるから、文章が書けるから、みたいなイメージを持たれやすくて。高校のときも大学に入ってからも。「将来役者になるんでしょ?」みたいな。でも単純に物を書くのが好きだからという理由でとっている授業もけっこう多くて……逆にほかの学科に比べたら、これが好きだから単にこれを学んでいるっていう純粋な人も多いから成り立っているっていう部分もあるのかなと思うので、それがもっといい方向に出れば周りにももっと影響を与えられるのかな。好きなことを好きだと言ってやっても良いのではないのかなと……確かにどちらかというと、(芸術をするということが)メジャーかマイナーかと言われたらマイナーというか、少数派だから、それを「好き」と言うのも恥ずかしいというかためらってしまうところも私の中ではけっこうあるの。例えば、普通に物を書くのが好きだって言ったら「すごいのを書くんでしょ?」と思われるのもちょっと嫌だし、そんなに人は物を書いたりしないということも学んできたので(笑)。自分が少数派なんだと思うことにたぶん優越感をおぼえる人も中にはいると思うんですよ。自分は人と違うことができるから楽しいって思える人もいれば、ああ自分は人と違うんだ、受け入れられづらいんだなと感じてやめてしまう人も諦めてしまう人もいるし、私みたいにボンヤリ、でも続けたいから続けているだけけって思える人もいるしで、けっこうそこはバラバラだとは思うんですけど……でも好きじゃなかったら続けてはいないと思うし。

西堂　まあ、最終的にはね。

平澤　ほかの学科が羨ましいと思うことも結構あるし。（放課後稽古の前に）ごはん食べてるときにほかの学科の人が近くに集まって、ただ単に（自分の）好きな趣味の話をわーわー言って、「今日も遊ぼう！」みたいな感じで去っていくのを見たら、「はぁ、今日も稽古かー」って思ってしまうときもあるけど、でも好きで選んで舞台に立たせてもらっているから、羨ましいなと思いつつ、人と違うこと、ではないですけど結局自分が選んだ道でやらせてもらっているから、それはとても良いことだと最近思いはじめました。

西堂　これで金が稼げたら文句ないよねえ。

駒川　それは最高やなあ（笑）。

西堂　でしょ？　僕みたいに。好きなことやって生きていけるっていうのはやっぱり最高だよね（笑）。で、そういう贅沢でワガママな生き方をする奴がこういう場所にいていいんだよ。コダシマくんもそれ狙ってんだろ？

小田嶋　はい。

一同　（笑）

＊既定路線から遠く離れて

小田嶋　僕は好きなことをしてお金を稼いで生きていくのが目標です。もっとも僕は、高校時代はもうちょっと頑張って就活しなきゃいけないんだろうなあなんて思ってましたけど、まあそれをする必要もないなと。だって同じほど大変だって言ってしまってはあれですけど、どっちに行っても大変だと思うんです。就活して会社の中で努力して上の方に上がっていくっていうのも絶対に大変だとは思うんですよ。で、同じほどって比べられないと思うんですよ。それならどうせだったら自分の行きたい方向へ行こう、と。まあ幸い親も好きなことをしろと言ってくれているわけですから。

西堂　就職活動やって就職できて、それでバンザイじゃなくて入ったらまた大変なんだよ。死に物狂いで上目指して。つねに人参ぶら下げられて走らされてる。で、三年ぐらい経って、だめだってなって辞めちゃった時の悲惨さのほうが大きいね。

駒川　そういう意味で言ったら、これは最近ネットで見た話なんですけど、就活頑張りすぎて就職するということがゴールになっちゃって、そこで気持ちが切れちゃうっていうのと同じで、大学受験も同じじゃないかなあと思うんですよ。それこそ大学受験に向けて死に物狂いで勉強して。私はもう高校三年生の早い段階で舞台芸術専攻に行くと決めていたから、ＡＯ入試から受けて幸いにもそれで通って。逆に将来とくにやりたいことがあるわけじゃない人は関関同立を選んでおいたほうがいい、ネームバリューがあるからと高校の時先生に言われてブチギレそうになったという記憶があるんですけど……じゃあ好きなことをやっている人ってダメなの？」って思ってすごく腹が立ったことが印象に残っている。でもそういう大学の目指し方をする人もいるわけじゃないですか。関関同立の方が産近甲龍よりは就活にも有利だろうからという理由で、とくに行きたい大学があるわけでもないしとりあえずそこを目指そうって思う人がいて、その大学に行くために勉強を死ぬ気で頑張って、そこに受かった。でもそれで終わっちゃうっていうか、なんとなく大学には行くけどモチベーションが上がることがない。そういう人もいるわけです。今の私たちの世代の人達って、そうやって大学に入って一旦燃え尽きたらまた四年後には就活というものが待っているわけじゃないですか。でもその就活も、「就職する」ことに必死というか。とりあえずどこでもいいから就職するために就活を頑張る、みたいな。就活鬱とかよくいいますけど、そういうことがあったりするのはなんなんだろうなあっていうことを最近ふと思いました。そういう社会のあり方というか、それこそさっき先生がおっしゃったみたいに既定路線というものがあって、そういうところにはまらざるを得ないような生き方、例えば高校なんかでも「そりゃあ好きなことをして、それでお金が稼げたらいいけど大体の場合はそうじゃないからね」っていうふうに教えられるわけです。舞台芸術専攻というのは幸いにもと言うべきか、そういう場所ではないので……まず先生方が死ぬほど自由だし、周りにいる人たちも自由で、まず考え方が自由だし。だから既定路線にはまらなくちゃいけないっていう考え方自体がそもそもあまりない、というか既定路線でない生き方をしてもいいんだっていうことをここに入った時点で教えてもらえる、気づかされるんです。けれど、大半の学生はそうじゃないわけじゃないですか。近大ひとつとっても、「就職はしましょう」という方向で向かっていくし……。

西堂　既定路線に入っても自由な発想を持ち込めればいいんだけどね。そういう中に自由な発想を撒き散らしていく、ウイルスのようにね。そういう人もいてもいいと思う。やっぱり、この卒業生が銀行に入ってもなにか自由な風を撒き散らしてるんじゃない？　それはやっぱり、最終的には既定路線に巻き込まれないで自分の生き方を貫くってことを学んでるだ。そんなに簡単に従順にはならないと思うよ。だから就職してもいいし、しなくてもいい。してもしなくても苦労は同じだって、僕は思うんだけどね。より自分の可能性を見極めて、才能が自分の中にあると自信を持てたら表現活動をやればいい。それくらいのことじゃないのかな。こうしなきゃいけないとかああしなくちゃいけないとかじゃなくて、自分の中に基準があるんだ。だから「コマガワ・ダンス」の第一人者になりゃいいし、「コダシマ戯曲」の第一人者になりゃいいんでさ。そういうことを肯定できれば生きていけるよっていうふうに思うんだけどね。

＊学生の声から

西堂　そろそろ時間もきているので、今日聞いていた人の意見も聞いてみたいなと思うのですが。中瀬さんどうですか、今日の話を聞いて。

中瀬　聞いてて辛かったです。私もみなさんの抱えているようなコンプレックスもあるし、大阪に来て自分の家庭の貧困さっていうコンプレックスもあって……そういうことも考えながら聞いていて、なんか「あーあ」っていう感じです。でも私は武器になるものがまだ何も見つけられていなくて。でも就活スタートまでになにかそういうものを見つけていきたいけどそういう自信もなくて……辛いなあって。

西堂　まあみんな辛いんだよ（笑）。そんな明るい展望を語れることはないんだよ。だからその辛さをちゃんと自覚できることはいいと思う。吉田さんはどうですか。

吉田　私も就活するか迷っていて。母親が私にキャビンアテンダントになってほしいと思っているらしくて。収入もいいし、私に英語をしゃべって欲しいみたいな。でも私は別になりたくないんですよ、飛行機に乗りたくないから。でもしたいこともなくて、企業に入るという意味で、早く帰れる仕事に就きたいです。

西堂　公務員かなにか？

吉田　まあわからないんですけど。でも二十年間くらい生きてこられたからまあなるようになるかなって。こうやって気楽に考えてるから、いつも母親から怒られます。

西堂　でもねえ、平均寿命が延びてるじゃない？　とくに女性の生き方って随分変わってきているんだよね、ここ二十年くらいで。歳の取り方が全然変わってきている。結婚適齢期なんてこともすごく変わってきてるし、従来の考え方に合わせて生きていくっていうのもちょっとリセットしたほうがいいかもしれない。だからまだこれから、もう一回学校に入り直して勉強し直すっていうこともアリだと思う。二十五歳くらいまで勉強しててもいいんじゃないかな。そんなふうに僕は思うよ。じゃあ、清水さんはどうですか。

清水　元々大学には演劇がしたくて入って、できるものならずっと演劇をしていきたいと思っているんですけど、大学在学中に母が病気になってしまって……ずっと「自由にやりなさい」と言ってくれていた母親から「就活を考えて欲しい」と言われたときに、義務教育もそうなんですけど、ずっと今まで二十何年間好きなことをさせてもらってきたぶん、就活のことなどを考えて、しんどいです。自分の好きなことで生きていくのも、会社に入って上を目指して頑張っていくのも同じくらいしんどいんだったら、好きなことで苦労したほうがいいかなと思っているので……。

西堂　まあ一年ごとに状況は変わっていくからね。その時に一番最適の判断をするしかない。では温井くんはどうですか。

温井　話を聞いていて、なんで「ゲキセン」って今も言っているのかなあっていうことを考えていたんです。名称が変わっても「ゲキセン」っていう名前にこだわり続けているのは、新しいものに流されて、「ゲキセン」という先輩たちがずっと継いできた名前とかいろんなものを差し置いて、「新しくしましょうね」とされるのが嫌だから今も「ゲキセン」と言い続けているんじゃないかなあとなんとなしに思ったところです。

西堂　二十何年間続いてるんだよ、この専攻も。まあ、ある種の伝統は既にあるんだ、きっと。夏の勉強会で先輩が後輩の新入生にスタッフワークを教えるとか、新歓公演とか、そういう伝統っていうものが。

平澤　私はただ単に呼びやすいからだと思ってた。先輩たちが呼んでるからっていうのはただ、「ああ、そういう名前なんだな」っていうくらいの感覚で、「伝統を受け継がねば」とか逆に「対抗したい」とかそういうのを持っている人はそんなにいなくて、ただ単に舞台芸術専攻って長いから「ゲキセン」って言うのかなと。

駒川　口に馴染んでるんだと思います、たぶん。今は演劇・芸能専攻じゃないけど、演劇・芸能専攻から舞台芸術専攻に名前が変わったときも、その間の先輩方はおそらく「ゲキセン」と言っていると思うので、その下の代の人たちも「ゲキセン」と言い続けて、なんとなーくここまできてるんじゃないでしょうか。

小田嶋　そういえば二つ上の先輩が――経済学部の先輩なんですが、「ゲキセン」って言ってて、「ゲキセン」という名称はその人から知りました。その人に「僕、舞台芸術専攻なんです」

って言ったら、「ああ、ゲキセンだろ?」って。で、「えっ、ゲキセンってなんですか」って言ったら「いやあ、言うんだよゲキセンって」って。だから外からの扱い方も昔っから「ゲキセン」なんだなあと。

西堂 なるほど。でも「伝統」って無意識に受け継がれていくものだと思うよ。後藤さんはどうですか。

後藤 私は最初ここに入って、ものすごく後悔したんですよ。「なんでここ来ちゃったんやろう?」って。でも途中で私を必要としてくれる人とかがいたから、「ああ来てよかったな」って思ったんですけど、やっぱり将来のことを考えると不安しかないし、ここに来て就活するとして、ここに来た意味というか、外に喋れることがなくて、来た意味がまた分からなくなりました。

西堂 「夢があるね」って言われる専攻なんだよ(笑)、それを武器にしたらどう?

後藤 そのへんが武器にできればいいんですけど……。

西堂 まあ自分でそれを納得しないとね。プレゼンしなくちゃいけないから、就活では。どこかで何か内実を作らなくちゃいけない。川村さんはどうですか。

川村 私は就活っていう面でもとくに夢っていうものもなくて、どうしようというか、それすらも考えずにいたんですけど、みんなよく考えてるなと思って……自分はどうしたいのかじゃないけどやっぱりちゃんと考えなきゃいけないなあと思いました。今まで何も考えてなかったなあと思って辛いです。

一同　みんな辛いね（笑）。

西堂　じゃあ辻宅くんはどうですか。

辻宅　みんなも言っていたけどやっぱり就活が結構不安です。実際就活間近になって、いけるのかなあと……他学科の人の話を聞いても、キャリアデザインの授業を受けても、就活の準備をしていこうという空気があって……。

西堂　僕は就職を否定しているわけじゃないよ。就活はしなくてもいいけど、仕事はしなくちゃいけないと思っている。やっぱり職種で選ぶってことが大事なんじゃないかと。会社じゃなくて職種。例えばデザインをやりたいとか、広告をやりたいとか、そういう「ジャンル」で選んでいけば問題ないんじゃないかな。そうすると大企業も小企業も関係なくなってくる。安定を求めるとか、会社のブランドに憧れるというのでなければ、自分なりの生き方とか職種で「これだったら納得できる」っていうことを選んでいったらいいんじゃないかな。まあ下手に大企業に入っていきなり人事に回されたり、営業やりたいのに総務に行ったりしたらそれこそ悲劇だからね。モノを作りたいと思っていたのに、営業回されたりして「自分は向いてないのに……」ってなるよりは、それこそまだ一年半もあるわけだから、インターンとか劇場だとかいろいろ探りながら、やっていくのがいいんじゃないかな。

＊終わりに

西堂　さて、「ゲキセンって何？」っていうのは結論はもちろん出ないんだけれど、そろそろ終わりましょうか。自由に生きるってことをどこかで身に付けて欲しいな。就職するにしても、しなくても、それを失なったら、この専攻に来た甲斐がないよ。既定路線に従わなくても、自分なりに仕事をじっくり選んでいけば、いいんじゃないかな。それがオルタナティヴな生き方だと思う。三〇歳ぐらいになったらみんなそれなりに収まるところに収まってるよ。二二、三歳でこれこれこうなってなくちゃいけないって。僕も二九歳まで働いてなかった（笑）。「三〇歳まで働かなくてもいい」って、予備校の教師に言われたんだよ。それをほぼ守った。大丈夫だよ、みんな。生きていけます、心配しなくても。

駒川　そういう考え方の大人がもっといればよかったんですけどね。そうじゃない大人の方が多いから……私たちが自由に生きてもいいんだ、って思っても、社会を作ってる大人の人たちがなんとなくそういう考え方じゃない気がするから。

西堂　でもそういう世代交代はどんどんしていくし、大企業路線はもう古くなっていくよ。じゃあ、どうもお疲れ様でした。

一同　お疲れ様でした。ありがとうございました。

（2015 年 10 月 28 日　近畿大学 G 館 801 教室にて）

［論　考］

1　クロマグロ完全養殖への道のり

――『近大マグロの奇跡―完全養殖成功への三二年―』より

「近畿大学」といえば「マグロ」というイメージを描く人は多いだろう。マグロを使用したインパクトのある広告は話題を呼び、その中でもマグロを飛行機に見立てた「近大空港マグロ」の広告は朝日新聞社が主催する「朝日広告賞」の教育・公共部門賞を受賞するなど、今や「マグロ」は近畿大学の最大のアピールポイントの一つであり、近畿大学を語るうえで欠かせない存在となっている。

近畿大学水産研究所は一九七〇（昭和四五）年、水産庁が行った「マグロ類養殖技術開発試験」の試験担当機関の一つとして選ばれ、そこからクロマグロの養殖実験を本格的に開始した。完全養殖が達成されたのは二〇〇二（平成十四）年六月二三日のこと。実に三十二年間もの年月が費やされた。「マグロ類養殖技術開発試験」とは、水産庁のプロジェクト「資源培養型漁業開発のための研究」の課題の一つに挙げられた「有用魚類大規模海中養殖実験事業」にもとづくものである。経済成長の影響により中・高級魚に対する需要が増加し、マグロの需要も伸びていること、それに伴いマグロの供給不足が顕在化しつつあること、そのため漁業規制が必要になってきていることなどから上記のプロジェクトは発足した。

また、完全養殖とは何か。養殖にもさまざまな方法、種類があるのだが、プロジェクトが始まる以前、戦争が終わり高度成長期の食生活の中で日本人の味覚の嗜好が変化し、「トロ信仰」が生まれた頃に始められた養殖法がある。それは、「蓄養」と呼ばれる養殖法で、天然界から漁獲した魚を一時的に生簀で飼いつけて、意図的に太らせてから市場価値の高くなったところで出荷する方法だ。この方法には、蓄養マグロは天然ものよりも高値で取引されるトロの部分の比率が高く、脂ののった状態で需要に応じて適時市場に供給できるというメリットがある反面、天然資源に大きな負担を掛けてしまうというデメリットも存在する。一方、蓄養に対して「完全養殖」は、最初の稚魚は天然界から獲るものの、その後はその稚魚を成魚にまで育てて産卵させ、その卵を人工孵化させ成魚に育てることになるため、天然界から一切漁をしなくてよいサイクルが成り立つのだ。

「近大マグロ」という名称で親しまれているそれは、近畿大学水産研究所が完全養殖をしたクロマグロのことで、今日では㈱アーマリン近大などによって販売されている。クロマグロは「本マグロ」とも呼ばれ、マグロ類中もっとも大型のものだ。マグロ類全体の一・四％しか漁獲されず、高価であるため「海のダイヤ」と称される。高級魚の代名詞ともいえるこの魚は、高速で外洋を回遊し、大きいものでは体長三メートル、体重四〇〇キログラム以上にも成長する。しかし、養殖実験が始まった当時、生態も十分に解明されていなかったこの魚を完全養殖することは、研究者の間で永年夢のまた夢と考えられていた。

水産研究所は、近畿大学の前身である大阪理工科大学附属白浜臨海実験所として、一九四八（昭和二三）年に開設されたことにはじまり、翌年の一九四九（昭和二四）年には学制改革により近畿大学が発足、近畿大学附属白浜臨海実験所となる。開設にあたって、当時和歌山県選出の衆議院議員であり大阪理工科大学長を務めていた、のちの近畿大学初代総長世耕弘一は、戦後の食糧不足の中にあって「日本人全員の食糧を確保するには、陸上の作物だけでは不十分である。土地と同じように海を耕し、海産物を豊かにしよう」という思いを持っていた。良質なタンパク質供給のため、養殖漁業に取り組むことが研究所の命題だったのだ。当時の魚類養殖は、鯉などの淡水魚については一〇〇〇年以上の歴史があったのに対し、海水魚はせいぜい三十年程の歴史しかなかった。研究所はまず白浜の臨海実験所でハマチの養殖に取り組むことになる。大学本部からの資金援助は乏しく、作業の一つ一つを人の手、人の力で行わなければならない大変な重労働が続く研究現場であったが、実験所で自分たちが育てたハマチを大阪の中央卸売市場に売りに行き、市場での評価を確かめるとともに、乏しい援助を補った。自ら育てた魚を売り、そのお金でさらに研究を進め、産業化を図るという、まさに今でいうところの大学発ベンチャー企業である。これは、「海を耕す」という理念とともにこの実験所が併せ持っていた「実学」という理念にかなっていた。総長の世耕は「大学にとって基礎研究はもちろん重要だが、実学としてその研究を応用し、産業化することで社会に貢献するべきだ。そこからまた新しい開発が生まれる」という考えを常に話していた。

水産研究所は一九六四（昭和三九）年には三重県御浜町に淡水実験場（一九七四［昭和四九］年に新宮市に移転）を、一九七〇（昭和四五）年には和歌山県串本町に水産研究所大島分室（現大島実験場）を、一九八六（昭和六一）年には農学部水産学専攻の大学院設置にあわせて和歌山県すさみ町に水産研究所分室を、一九九一（平成三）年には富山県新湊市（現射水市）に富山実験場を、一九九七（平成九）年には和歌山県中辺路町に中辺路研究分室を、二〇〇一（平成一三）年には鹿児島県奄美大島に奄美実験場をと、次々に新しい実験場を開設した。そして、養殖技術の基礎がほぼ確立されたハマチ以外の魚種にも取り組み始め、一九六五（昭和四〇）年にはヒラメ、一九六七（昭和四二）年にはヘダイとイシダイ、一九六八（昭和四三）年にはブリと、毎年のように卵の人工孵化による「世界初」の完全養殖が次々と達成されていった。

また、人工孵化による完全養殖が可能になった有用魚種を、品種改良することでより養殖しやすい品種や市場価値の高い品種にするための人工交雑の研究も行われた。さらに一九七〇（昭和四五）年には、白浜漁業協同組合（現和歌山南漁業協同組合白浜支所）と共同で、白浜水産養殖科学センターを設立。研究所で生産したマダイの稚魚を全国の養殖業者に供給する種苗生産の事業も開始した。近大で生産されたマダイの稚魚はとくに養殖業者や市場の評価が高く、研究所の運営基盤を固めることに大いに貢献した。

水産庁は一九七〇（昭和四五）年、「有用魚類大規模海中養殖実験事業」として、サケ、タラバガニとともにマグロを選定。マグロについては三年間の計画で「マグロ類養殖技術開発企業化試験」が開始された。しかし、当時マグロについては完全養殖どころか、養殖するための参考となるデータはほとんどない状態からのスタートであった。研究は全国五ヵ所の施設に委託される。静岡県水産試験場、三重県尾鷲水産試験場、長崎県水産試験場の三ヵ所の公立試験場。さらに私立大学からはアクリル水槽でクロマグロの飼育実績のあった東海大学、そして近畿大学である。

クロマグロの完全養殖が達成されるまでには各行程に問題や課題があり、研究員たちを悩ませた。まず一つ目は、ヨコワの捕獲。ヨコワとはクロマグロの幼魚である。養殖をするためには、まずヨコワを獲り、生簀に活け込まなくてはならない。しかし、マグロはハマチなどに比べて鱗が細かく、手で触るだけでもそこから痛んでくるような、皮膚の弱い魚だったのだ。これに対し、定置網と曳き網釣りの二つの方法を採用することで、どちらかの方法で捕獲したヨコワが生き延びてくれるかもしれない、と望みをかけ、クロマグロの完全養殖に向けたプロジェクトの第一歩が踏み出された。

二つ目の問題は、捕獲したヨコワの全滅。まず捕獲をするにも、前述の通りヨコワは弱い魚で、一九七〇（昭和四五）年八月十日から十七日までの一週間、白浜沖で曳き網釣りをして生簀に収容できたのは二五尾。さらに九月一日時点で生存していたのはわずか八尾だった。研究チームの面々は、実際に傷ついたヨコワを目の前に、改めてクロマグロを養殖することの難しさを感じずにはいられなかったという。一方、串本町の定置網でもヨコワの捕獲が行われ、こちらでは収容三一尾、二週間後の生存は二七尾だった。曳き網釣りに比べて生存率は高かったものの、ある日事件が起こる。前日まで異常がなかった生簀の、大事に見守っていたヨコワが全滅していたのである。この全滅の理由は、餌の食べ残しを分解するための好気性のバクテリアが繁殖し海水の酸素濃度が下がりヨコワが酸欠状態になり死んだというものだった。また、台風などの暴風雨によって起きた波で網が寄せられたり、吹き上げられるなどして翌年も全滅してしまう。そこで考えられたのが、波の影響で偏らない金網生簀の使用と、冬期は加温できる陸上水槽による飼育、さらに翌年からは漁法と擬餌針の外し方を工夫し、一九七四（昭和四九）年、ついに天然ヨコワの養殖に成功する。

三つ目は、卵から孵化した仔魚の全滅。餌の種類や給餌のタイミング、水温など、さまざまな条件を検討して臨んだものの、結果はほぼ同じだった。

そして最大の壁だったのが産卵のない十一年間。生簀の場所を変えたり、餌の種類を変えたりしても効果は出ず、空白の十一年間となった。一九九四（平成六）年、十二年ぶりに自然産卵が再開。しかし、待ちに待った孵化仔魚たちは、孵化の数日後にまたもや全滅する。水槽の塩分濃度を上げたり、気泡を発生させるエアレーターをおいて水を循環させるなどの対応で、次つぎと孵化する孵化仔魚をなんとか生き延びさせた。この後も、成長の度合いの違う仔魚同士の共食い、沖出し後の稚魚のパニックによる衝突死などの問題が起こったが、それぞれ、成長の度合いによって水槽を分けたり、生簀の形や大きさを変えるなどの工夫がされた。そして、二〇〇二（平成十四）年六月二三日、人工孵化の成魚の産卵を確認。ついに世界初の完全養殖が達成された。

現在の近大マグロ

現在、近大マグロは近畿大学の関連会社である「アーマリン近大」を通じて、百貨店・飲食店等に販売されている。大阪ではグランフロント、東京では銀座に店を構え、レストランも経営されている。開業以来大阪・銀座両店舗で約三〇万人の来客数を誇る大人気店となっている。特に近大マグロは連日の完売状態である。近畿大学のオープンキャンパスやたまに行われる食堂での近大マグロの販売の中での長蛇の列を眺めるとさらにその人気が伺える。

二〇一四年、それまで近大が展開する専門料理店ででたマグロの中骨は廃棄処分されていたが、近大からエースコックに再利用の検討要請をし、マグロの中骨からエキスを炊き出してスープにしたものを共同開発し、「近大マグロ」を使ったカップ麺を完成させ、限定一五〇万食が即完売と大好評を得た。大手でマグロのカップ麺というのは史上初めてであった。

近年ではウナギ味のナマズも販売され、土用の丑の日を賑わせた。ナマズの他にもタイ、アジ、ブリ、カンパチ、イシダイ、ヒラメなど、二五種類の魚の養殖にチャレンジしている。世界三大珍味として有名なキャビアの親になるチョウザメの養殖にも着手している。生存数が減少してきつつある魚の養殖に成功することで近大市場はさらに大きく発展しそうである。

（文責＝木崎愛美［きざき・あみ］）

［論　考］

2　入試の動向

いま近畿大学という名前を出すと、多くのひとは「受験者数が全国一位の大学」という情報をまず思い出すことだろう。もしかしたら名前を出すひとも「受験者数が一位の……」なんて枕詞を添えて語るかもしれない。雑誌や新聞、もしくはインターネットで見かける記事でも近畿大学に関する話題があれば、やはり冒頭には「受験者数が一位になった……」とある。

わたしが実家に帰り親戚と話すと、ここ最近はやはり「近大がどうも、なにか、一位になったみたいだね……受験の……」と言われる。なにかの機会に近大の学生だと言うと「ああ最近すごいよね、近大。受験者数が……」。聞き飽きるほどである。受験者数の話題でなければマグロの話題かつんく♂の話題なのだが、こちらは受験者数が一位になる前にずいぶん聞かされたので、やはり食傷気味にある。

近大には毎年話題が絶えないように思う、特にここ数年は。もはや話題をつくるためにいろいろなことをやっているのではと勘繰りたくなるのだが、いくつかの資料（数冊の雑誌だが）をみていると、受験者数が一位になるのも必然だと思えた。

まず、二〇〇三年ごろから受験者である一八歳人口が減少しはじめた。そのことにより当然、大学を受験する人数も減った。国公立はともかく私立は受験者数が減ると困るので、大学自体のアピールなど対策を練ったりするわけだが、近畿大学は入試制度を増やすというプランを打ち出した。いま、近大には編入試験などを除けば五つの入試制度がある。

前期と後期の一般入試と推薦入試にＡＯ入試。一般前期入試がＡ日程とＢ日程に分かれているから、計五回となる。それにＣ方式と呼ばれるセンター試験の成績で近大を受験できる制度がある。つまりセンター試験を受けて多少の手続きをすれば、近大を受験したことになるわけである。このＣ方式も前期・中期・後期と分かれている。

またそのなかで「方式」というのも加わってきて、さらにややこしくなっている。スタンダード方式・高得点科目重視方式・学部内併願方式・他学部併願方式・第二志望制度と分かれていて、これは説明しても判りづらいものばかりなのである。

スタンダード方式とあるのは普通に三科目受験し三〇〇点満点で受けるものなのだが、高得点科目重視方式というものが、少しむずかしい。三科目受験し、そのうち一番高得点だった科目を二倍に換算し――つまり英語が八〇点・国語七五点・数学六〇点ならば英語を一六〇点として扱い、四〇〇点満点で受験できるのだ。この時点で満点が変わっているので判定の際にはどうしているかというと、説明には「スタンダード方式と高得点科目重視方式の受験者数の比率をもとに募集人員を按分し」とあるので、別のものとして扱われるようだ。しかし「比率をもとに募集人員を按分」とあるのは完全に分離しきっていないことでもある。

学部内併願方式というのは、たとえば文芸学部のなかには「文学」「英語コミュニケーション」「芸術」「歴史文化」と学科が分かれているが、その学科を併願できるという、読んで字の通りの方式だ。また他学部併願方式というのも同じく、読んで字の通り。しかし他学部併願方式というのは文系ならば文系の学部と、理系ならば理系の学部としか併願が出来なくなっている。

第二志望制度というものはなんなのか、学部内併願方式は第二志望ではないのか、というともうほとんど同じような「方式」で、理系の学部内方式の場合は名前が変わるというだけのものだ。

いまとなってはこういった多種多様な入試制度はどの私立大学にもあるものだが（それでも決してメジャーとは言えないかもしれないが）、その制度の幅をひろげたのが近畿大学なのだ。

結果として、受験者数は上向きになった。それどころか、一八歳人口が増えてゆくと、近畿大学は受験者数が全国で一〇位以内にはいる常連となった。それでもやはり、ブランドとして成り立っている「関関同立」と言われる大学には負けていた。しかしここ数年でその大学を追い越してきたかと思うと、受験者数が一位になってしまったのだった。

そしてその理由は入試制度だけの問題ではない。わたしはそこに近大の持つ「気軽さ」みたいなものを感じる。その気軽さは「エコ出願」という方法に代表されている気もするのだ。「エコ出願」というのは、簡単に言えば出願をインターネット経由で出来るというだけのことなのだが、これはいまの時代に合っていて非常に効率の良いことだと思う。わたしが受験生の頃に感じたことは、教師による「受験という洗礼の美徳化」みたいなものだった。たしかに大学を出れば給料がちがうし、ひとにどうみられるかということすらも変わってくる。将来を確立させるために必要な行程だというのは判っているのだが、一八歳やそこらでそういったことを強いられるのはなんだが気が重かった覚えがある。受験ノイローゼといった言葉もあるくらいだし、小学生の頃から受験に向けて親が教育のプランを立てると言った多少大げさな話も聞いたことがある。そんな支配された人生のピークを感じる受験の始まりが出願だった。

大げさな教師は出願書等を書く機会のたび、「丁寧にかけよ、間違えるなよ、お前の人生の云々」と序盤しか覚えていないが、寅さんの口上のように（よく言いすぎだろうか）、すらすらと言葉が出てきて説法を聞かされたものだ。

そんな出願をインターネットで手軽に出来るのなら神格化された受験という洗礼を、もっと手軽なものにすることができる。わたしたちの人生を支配していた受験がいつか恐怖ではない乗り越えるべき壁になることを祈る。

さてまたひとつ受験者数が増えた要因をあげるとするならば、メディアへの露出は外せないだろう。入学式の中継や近大生によるアイドルグループ、近鉄難波でみかける大きな近畿大学の広告に見覚えあるひとも多いだろう。新聞の一面使った広告で話題になったこともあった。しかもその広告も鮮烈で、大きなマグロが富士山から突き出ているものや、空港にマグロが停泊しているような、面白おかしく目を引くデザインが多い。近大は自分たちのもつイメージを惜しげもなく消費するように前面に押し出す。そして嫌味にならない程度にみずからをパロディー化していくイメージがある。もう、いまとなっては近大の広告にはマグロのイメージは使われず、新しい近大の一面を打ち出そうとしているのだ（そのなかに舞台芸術専攻の気配がないのは遺憾である）。

それに朝のニュース、夕方の報道番組などで、記者のインタビューなどに答えている学者が近畿大学在任の教授だった、という経験がここのところ増えてきている。気のせいかもしれないが、どうもそんなことが多い。案外そういったところでも近畿大学は露出を増やしているのかもしれない。なにせ近畿大学には「広報部」という大きな部署があるのだから。

雑誌『AREA』二〇一五年一一月二三日号でのインタビューで、近畿大学の広報部長世耕石弘は「『MARCH』『関関同立』は、いずれも語呂がいいこともあって価値観が固定化しているに過ぎない。古くさい大学の序列はやめてもらいたい。強いて言うなら、ライバルは学部数がほぼ同じ立命と関大です」と発言している。この発言からは、近畿大学の姿勢がつまっていることが読みとれる。まず、私立大学のブランドを表す「MARCH」「関関同立」を「古くさい」と切り捨てているところから、近畿大学は以前からあるそのブランドの価値を実質認めていないということが判る。また「古くさい大学の序列」のなかに入れられることに対して「やめてもらいたい」と発言しているところから、多少強気でいることが判る。つまり、「古くさい大学の序列」の否定を通じて近畿大学は下剋上を狙っているのではないか、と思うのだ。

全国の一八歳人口が減少しはじめてから全国の大学の受験者数が減少をはじめ、その対策として近畿大学は早期から「エコ出願」や受験方法を増やすなどを打ち出してきた。それから一八歳人口が増加をはじめると、対策として打ち出したものが魅力となり、まさにいまその魅力が時流をつくりあげ、近畿大学は全国の私立大学のなかで受験者数が一位となった。

つまり近畿大学は数字のうえの人気では下剋上を果たしているのだ。そんな折の、前述の発言だ。現存のブランド力というものを覆そうとしている姿勢がありありと透けてみえる。そして将来その可能性は大いにあり得るように思う。

わたしが受験生だった頃、近畿大学の立ち位置というのは、「関関同立の滑り止め」といった感じで、昔からある大学だからネームバリューも手伝って、愛知県（わたしの地元だ）まで名をとどろかせていた。もっとさかのぼれば、わたしの親の世代から見た近大は、あまり評判は良い方ではなかったのだという。スポーツ面での活躍はたびたび新聞で見かけたと言うが、いまのような文化的な面や、養殖マグロの話なんて当時は話題にのぼらなかったようだ。そういう面で考えるなら、ゆっくりとしかし着実に評判を上げているようにも思う。

そしていま、近大は「古くさ」さを捨てることでそのゆっくりとしたスピードを加速しようとしているのかもしれない。車で言うところの、アクセルを踏みはじめた状態にあるだろう。きっと近大にとっては「古くさ」さは重りでしかなく、旧態依然としたブランドは障害なのだろう。けれどももしかしたらそれは考えすぎで、「滑り止め」くらいの立ち位置の方が、門戸が広くて、受験者数も獲得しやすいのかもしれない。実際それはあるだろうと思われる。

しかし前述の世耕石弘の言葉で、すこし気になるところがある。かなりあけすけに態度を露わにしているのだが、「学力」ということばを使っていないのだ。またことばのなかに学力を問題にしているような様子が見られない気がする。「ライバルは学部数がほぼ同じ」としているように、学生数を重視しているようであり、学力面からブランド化された「関関同立」を否定している、つまり学力というブランドを切り捨てているようにみえかねない。

もしかしたら大学を経営するうえで学力についてを表立って口にするのは憚られるところがあるのかもしれない。

たしかに受験者数が増えたならば、結果として近大の偏差値は徐々に上がっていくだろう。名実ともに関関同立への下剋上を果たして、既存のブランドは崩壊するだろう。そして近畿大学のもつ魅力に、マグロ大学だとか小馬鹿にしていたひとびとがひれ伏す日がくるかもしれない。けれどもそのときには「『ＭＡＲＣＨ』『関関同立』は、いずれも語呂がいいこともあって価値観が固定化しているに過ぎない」という学力を重視していなかったこのことばも忘れられているだろう。わたしたち大学生は勉強をするために大学に入ったのであって近畿大学の数字の一部になるために入ったのではない。

学歴社会という言葉が示す通り、わたしたちは卒業した大学によってハクがついたりつかなかったりする。就職先によっては学歴を重視して採用不採用が決まったりする。わたしが高校時代にまじめに勉強をして関関同立のなかにいたなら、そんな社会も生き辛くなく多少は気楽になったのかもしれないが、いまはすこしだけ息苦しい。だからといって「関関同立」から「関近同立」とかになったとして、学歴社会そのものがなくなるわけではない。近畿大学生はその息苦しさが軽減されるかもしれないが、その分他大学生の息苦しさが増すだろう。

受験者数が増え、近大の評判が上がっていくにつれ、近大で真面目に勉学につとめる学生たちは恩恵をこうむる日が来るかもしれない。いままで報われなかった人生に近大のおかげで光の射す思いをするひとがいるだろう。そうでなくても近大にいることでその評判の御相伴にあずかる程度に良い思いをするひとがいるに違いない。

そんな日が来たときにわたしたちはまた学歴社会の呪縛を感じながらも、近畿大学の奮闘と革命を意識するのだ。

（小田嶋源［こだしま・みなと］）

［論考］

3　近大伝説

人間誰しも言葉には言い表せないような、そんな不可思議な体験に一度は（もしかしたら、それ以上かもしれない）遭ったことがあるのではないだろうか。筆舌に尽くしがたい、例えば─心霊体験のような、非現実的な事は意外と身近に存在するものだったりするのだ。〝学校〟という空間に、そういったものは付き物だ。此処、近畿大学も例外ではない。

「近畿大学　心霊現象」検索ボタンをクリックする。幾つかのＵＲＬ先を辿ると、近畿大学に伝わる心霊的な経験について匿名の書き込みを見ることが出来る。夜に大学の西門の窓を見るといるはずのない人影がこちらを見ている……だとか、数十年前に最上階からの飛び降り自殺があり、その霊が写ってしまうために、東大阪キャンパスのクラブセンターの時計塔は全ての階のトイレの鏡が外されている……だとか、そういったどこにでもありそうな話がまことしやかに囁かれている。しかし、どれもこれも信憑性に欠けるものが多い。誰もが笑いとばして相手にしないような、そんな噂ばかりである。きっと今この文章を読んだ貴方もそう思ったに違いない。根拠のない噂だ。実際に行って確かめるのも良いかもしれない。百聞は一見に如かず。その場を訪れて、この噂達が真実かどうかその目で、その耳で、その身体で、味わってくるのを筆者はお勧めしたい。そこで貴方がどんな奇妙な経験をしてしまうのか、筆者は何の保証もできないが、きっと何も起こらないとそう思うのだ。所詮、噂は噂だ。きっと貴方は「あぁ、何だ。何もないじゃないか。」そうゆっくりと息をついて、友人に笑い話として話すのだろう。西門には何も存在しないし、クラブセンターで飛び降り自殺なんて起こっていないのだから。

やはり心霊現象なんて存在しないのか。そう思った貴方。賢明な判断だ。

だが、少しだけ待ってほしい。

今から語る話を読んでからその結論を出してほしいのだ。信じるも信じないも貴方次第、この話は先の噂と同じように根拠も証拠もない話だ。ただ一つ違うのは、体験したのが筆者であること。そして筆者と近しい人物（それも大人数が一斉に）の経験である、ということだ。先の噂よりは信憑性があると思う。それでも笑い話にしてくれてもちろん構わない。しかし、忠告はしておく。この話を確かめようとしてはいけない。訪れようとしてはいけない。その理由は、……この稚拙な文章を最後まで読んで、あなた自身に考えてもらいたい。筆者の言葉の羅列では、恐怖さが伝わってこないかもしれないが、こういった類の話が苦手な方はここで読むのを止めておいてほしい。また、これからすぐに出てくる建物名に心当たりがあり、頻繁に訪れなくてはいけないという人も止めておいたほうがいいかもしれない。そこに行けなくなった、とか、そういった苦情は受け付けられない。全て自己責任で、一緒にほんの少しの不可思議な体験を、非現実的な経験を楽しめるという方だけ、そのままページを捲りつづけてほしい。

「誰かを呼ぶ声。」旧アート館（現在は取り壊され工事中）

今から二年前の話だ。

文芸学部芸術学科舞台芸術専攻の授業で使用されていたアート館と呼ばれる建物が存在した。そこは体育館のような広いホールで、二階建ての造りをしていた。一階はダンスや芝居で使うスペースで、二階には更衣室や音響室、制作室と呼ばれる作業部屋があり、学生が常にいる、賑やかな空間であった。

筆者の友人であるKさんとAさん、それからほとんどの同期が体験した不可思議な事件。

更衣室で着替えをしていたAさんはどこからか自分の名前を呼ぶ声が聞こえたそうだ。振り返って返事に応えようとするが、誰も呼んでいないと言う。同期はみなそんな声を聞いていないとそう言った。しかしKさんだけははっきりとAさんを呼ぶ声が聞こえたのだという。KさんとAさんにだけ聞こえた、Aさんの名前を呼ぶ、女の人の声。その正体は誰にも分らない。もちろん二人の聞き間違いかもしれないし、誰かの悪戯かもしれない。

だがしかし、旧アート館で謎の声が聞こえるという噂は絶えず囁かれていた。実は筆者も何度か経験したことがある。賑やかな空間に引き寄せられたのか、何かが存在していたことは強く否定は出来ない。それを確かめたいが、今はもう、アート館は存在しない。今現在行われている工事現場に、その声の主である〝彼女〟は、一人で取り残されているのだろうか。誰も聞いてくれないのに、誰かを呼び続けているのだろうか。新しく建てられる、法学部、だっただろうか？〝彼女〟もきっと完成を待ち望んでいるに違いない。

次に名前を呼ばれるのは、貴方かもしれない。

「じゅっぱちさん。」東大阪キャンパス　一〇号館

一〇号館に纏わる心霊的な話は有名なのではないだろうか。

筆者は一〇号館について〝そういった現象が起きやすい〟と先輩に言われていたため、この学科の学生に伝わる一種の噂話だと思っていたのだが、司書課程を履修している筆者の友人によると、彼女は司書の先生にも〝そういった話〟を聞いたそうなのだ。

「一〇号館は、本当にやばい」。その噂の出どころを解き明かすことは出来ないが、最も恐怖

を感じた筆者の実体験と、筆者の友人の実体験—じゅっぱちさんを貴方にも紹介しようと思う。

一〇号館のエレベーターに一人で乗ったときのことだ。八階、通称「じゅっぱち」と呼ばれる教室で授業を行うことが多かったため、階段で行くのは体力的にもしんどく、いつもエレベーターを使っていた。八階のボタンを押す。ゴウンゴウンと、古いエレベーターは頼りなく振動を繰り返しながら上昇していく。その振動はどこか不気味で、薄暗いエレベーター内も心地が良いものではなかった。はやく、はやく、と焦る心を無視して、アナウンスが鳴る。

「七階です」

無機質な女性の声だ。このアナウンスの声も苦手だった。誰かが七階から乗ってくるのだ。急いでいるのについていない。そう思って、扉が開き、人が乗り込んでくるのを溜め息も隠さずに待った。

重々しい扉が静かに開く。

そこには誰もいなかった。

何だ。押しただけで、階段でも使ったのだろうか。全く、人の時間を割くなんて。

その瞬間はそんな見当違いな事で苛立ちながら「閉」のボタンを押した。

……閉まらない。

古いエレベーターだ。もっと強く押さないと反応しないのか。先ほどより指に力を込めてボタンを押す。

閉まらない、閉まらない、どうして？

ボタンを連打する。閉まらない。他のボタンを押す。反応しない。壊れるのを覚悟で拳で殴りつけるようにボタンを叩く。

それでも扉は閉まらなかった。

最悪だ、授業に間に合わなかったらどうしよう。そう冷静に思った瞬間、思ったのだ。

「どうして、七階でエレベータが止まったのだろうか」と。そもそも一〇号館の七階は大きな扉が存在するだけの空間のはずだ。（エレベーターが開いても、目の前に広がるのはどこかに通じる扉なのだ。しかもその扉は開くことが出来ない。その先に何があるかは筆者は知らない。）……一体誰が七階でボタンを押したというのだ。七階で降りる人物がいないように、七階から乗ってくる人物なんて本来はいないはずだ。それなのにどうして七階でエレベータは止まったのか。

そこまで考えて、すぐに考えることは放棄して夢中でボタンを連打した。考えすぎだったのか、……手遅れだったのか、幸い何も起こらずにその後すぐに扉は閉まり、八階へと筆者は辿りついた。

その後友人にこの話をすると、友人も七階のボタンを押してないのに七階で止まったり、他の友人は、七階のアナウンスが聞こえたままエレベーター内に閉じ込められたことがある、とも言っていた。そんな友人が数人いた。

友人が聞いた話の中には、七階で止まったエレベーターに乗っていた学生が帰ってこなかった、などという、不穏なものも存在した。

古い建物のエレベーターだから、かもしれない。それでもこんな偶然が続くのだろうか。

一〇号館での不可思議な体験はまだ続く。

授業の合間の休憩時間だっただろうか。友人のNさんと八階の奥にある女子トイレに向かった。女子トイレは個室が二つ、洋式と和式が一つずつある。奥が洋式、手前が和式だ。どちらの扉も閉まっており、筆者は奥の扉をノックした。

「はーい。」短く返事があった。その声は横にいたNさんにも聞こえるくらいはっきりとした声だった。すみません、と小さく謝り、すぐに扉が開いた和式のほうにNさんより先に入らせてもらった。

個室を出るとまだ洋式の扉は閉まっていてNさんは並んでおり、同じように和式トイレに入った。筆者は手を洗いながらNさんが出てくるのを待っていた。そのとき入口のドアが開き、Gさんが入ってきた。Gさんと「お疲れ様」と言葉を交わし、すぐに鏡の方を見た。鏡にうつったのは、洋式トイレの扉を開け、そこに入っていくGさんの姿だった。

一瞬、筆者は恐怖で硬直した。

出てきたNさんに、状況を説明すると、Nさんの顔色もすぐに変わった。だってNさんも筆者も、先ほどの声の主がトイレを出て行った姿を見ていないのだ。

……一体、筆者たちに返事をした声は、誰のものだったのか。どこに行ってしまったのか。それ以外にも誰もいないはずの実習室や廊下から声や物音がしたり、不可思議な噂が絶えない一〇号館。「じゅっぱちさん」と呼ばれるその〝人物〟は、今もあそこで誰かが訪れるのを待っているのだろうか。

あの冷たく暗い廊下をさまよい続けているのだろうか。

さいごに一つだけ。

これは筆者がこの近畿大学で体験した最も奇妙な出来事を紹介しよう。この出来事は今まで誰にも話さずにずっと胸の内にしまっていた。その理由は後々綴るつもりでいる。今こうしてこの話を語る機会が訪れたので、せっかくだから紹介させてもらおう、とそれくらいの気持ちであることには変わらないが。先に謝罪しておこう。友人へ。今まで黙っていてごめん。

「ずっとみている」 東大阪キャンパス A館

初端からこんなことを言うのはどうかと思うが、筆者はA館の四階と五階（特に五階）は、本当に何か憑いているのではないか？と感じる程に、そこを訪れるのに抵抗がある。（別に筆者に特別な、所謂、霊感、というものがあるわけでは断じてないのだが、）何となく、そう思うことが多いのだ。ことA館の上階に関しては。何となく不気味に感じたり、とか、そういったことは誰にでもあるだろう。そういうことにしておいてほしい。

話を戻して。それは今から二年前、筆者が大学一回生の頃のことだ。A館の五階といえば芸術学科の教授陣の研究室が並んでいるわけだが、一回生の間にそこに訪れる機会は多くなかった。だがその日。その日の放課後は基礎ゼミでお世話になった先生に提出しなければならない書類があり、筆者は一人でそこを訪れていた。

五階でエレベーターを降り、廊下に出れば、ほとんどの教授が不在なのか、どの研究室も明かりがついておらず、無音の中、自分の靴音だけが響き渡る。という、なんとも安っぽいホラー映画の定番のような状況だったのだが、特に何か不可思議なことが起こるわけでもなく、目的の研究室の前まで足を進めた。しかし、そこも他の研究室同様、明かりがついていなかった。ああ、もう帰ってしまったのだろうか。時計は一九時過ぎ。訪ねるには遅すぎたのだろうか。一応ノックもしてみる。控えめに数回扉を叩くが、もちろん返事はない。

仕方ない、また明日連絡をしてから伺おう。そう思って振り返る。

このタイミングで何だが、A館という建物のつくりについて簡単に説明すると、建物の中心が吹き抜けのような形になっている。〝ロ〟の形、といえば分かりやすいだろうか。つまり、自分が廊下に立っているとすると、教室の反対側は窓が広がっている。その先は吹き抜けで、さらにその先に向かい側の窓、そして廊下、教室が存在するのだ。

そう、だからどうした、という話になるのだが。筆者は振り返ったのだ。別に窓を通して向かい側の廊下を見たことに、深い意図はなかった。

だから筆者は余計に驚いたのだ。向かいの窓からも、誰かがこちらをずっと見ていたことに。動きもせずに、ただこちらをまっすぐに見つめている瞳に、筆者は一瞬思考が止まった。が、すぐに歩きだした。別に何ともないと、言い聞かせたのだ。一人で驚いて声を上げてしまっただなんて恥ずかしすぎる、そう思って、エレベーターを目指して歩きはじめたのだ。

そしてすぐに気づく。向かい側の廊下からの視線も筆者と同じように動いていることに。

何となく、あ、やばい。とそう思った。理由は分からないが、反射的にそう思ったのだ。このまま進めば、鉢合わせてしまう、それは絶対に避けなければいけないと、何故かそう強く思ったのだ。今思えば、それは本能が危険を察知したからだったのだと思う。

歩みを止めて、逆方向に走る。窓は見ないように、見たらいけない、見ない見ない見ない見ない見ない見ない見ない見ない。

……言い聞かせば言い聞かせる程、そちらに意識が行くのは、人間の本能だと、そうは思わないだろうか。筆者は走りながら見てしまった。

自分と同じように。走る、その姿を。その瞳はずっと自分を見つめていてた。何度か繰り返しても同じだった。どちらに動いても、どちらに走っても、「それ」はずっとこちらを見ながら走っている。

ようやく筆者が恐怖を覚えた時には、筆者の足は止まっていて、その瞳を見返すことしかできなかった。あぁ、駄目だ。そう思った瞬間、その瞳が不意に視界から消えた。そして次に聞こえたのは、

カカッカッカッカカカカカカッカッカカカカカカカッカッカッカカカッカッカッカッカ
ッカッカッカッカッカカカカカッカカカカカカカカカッカッカカカカッカッカッカカカカ
カッカッカッカッカッカカカカッカカカカッカカカッカカ

廊下を駆けてくる、楽しそうな足音だった。

もうどうしようもないと思った。幻覚か、幻聴か、違う、きっとたちの悪い悪戯か何かなんだ。それでもその正体を確かめる勇気は筆者にはなくて、その足音が聞こえた瞬間、今まで生きてきた中で一番の全力疾走で、音とは逆方向に走って、そのまま転がり落ちる勢いで階段を下りていった。その間も靴音は響き渡っていて、その音が鳴りやんだのは、一階の学生ホールに辿りついたころだった。そこには人がまばらではあったが残っていて、息を切らして階段を駆け下りてきた筆者に不審な目を向けてきた。無理もないだろう、でも、そのとき筆者はよう

やく安堵して、振り返った。

そこには勿論なにもいなかった。やっぱり、幻覚でも見たんだろう。そう思って、もう一度振り返る。大丈夫、何もいない。

その日から随分と過ぎて、筆者はこの日の出来事を忘れていた。

でもある日、思い出したのだ。

その瞳に、また遭遇してしまったのだ。

とある友人の、後ろから、その瞳はこちらを見ていたのだ。

その瞳の持ち主は友人の後ろにぴったりとくっつくようにして、顔だけを覗かせるようにして、こちらをずっと見ていたのだ。

筆者は、何も見ていないふりをした。……今でも、見てないふりをし続けている。だから、友人に、この場を借りて伝えよう。筆者が貴方から目をそらすのは貴方が嫌いなわけではないのだ。

貴方の後ろに寄り添ってこちらを見ている、その瞳が恐ろしくて、恐ろしくて、貴方とうまく話せないのだ。

その瞳の持ち主が貴方の傍を離れない限りは、筆者は貴方とうまく話すことは出来ないだろう。とても、とても残念だ。

その瞳に貴方が飲み込まれないことを、筆者はずっと願い続けている。

もし、こういった不可思議な現象を体験したいと思うのなら、これらの場所を訪れたらいいかもしれない。しかし、何が起きても、どんな目に遭っても、……帰ってこれなくなても、それでもいいと思うのなら、だ。

好奇心は猫をも殺す。好奇心だけで訪れようとするのはお勧めしない。それでも行くというのなら、そういった体験がしたいなら、じゅっぱちさんに会いたいなら……、あぁ、訪れなくても大丈夫なようだ。

だって貴方の後ろに、もう〝彼女〟が待っていてくれているじゃないか。

〝彼女〟にどうかよろしく。

（文責＝平澤慧美［ひらさわ・さとみ］）

第III部
Alternative KINDAI

第二の転機

第一章　転んでもただでは起きない——第二の出立として

1　非常事態に遭遇

昨年（二〇一四）で還暦を迎えた。年齢的には十分生きてきたことになるのだが、実際には、まだまだ熟成できていない自分に気が付く。

ただ、一つの区切りであることは確かだろう。年齢的には一巡りし、再びゼロ地点に戻った。さてそこからどのように再起動するか。それが「第二の出立」である。

この言葉を思いついたのは、中学高校の仲間たちと『僕らが育った時代　1967〜1973』（二〇一二）に続き、『僕らが生きた時代　1973〜2013』（二〇一四）をつくろうとした時だった。皆の共通テーマとして何か設定できないかと考え出したのがこの言葉だった。

六〇歳を迎える我らが直面するのは、二度目の人生である。その思いを各自が書いてみようというのが企画の主旨だ。

ところが本の完成の直前に、わたしは大事故に遭ってしまった。人生で初めてといっていいほどの大怪我だった。その怪我と付き合うことは自分自身を振り返ることにもつながった。何よりも自身を存立させている肉体というものがどのように成り立っているのか。意識と肉体はいかなる関係にあるのか。そのような問題に、還暦を迎える手前で出会ったのだ。

しかしこれはわたし一人の問題だろうか。ある程度年齢を重ねてきた者にとって共通する課題があるのではないだろうか。そう考えて、この経験を言葉で対象化してみようとしたのが本稿である。

二〇一四年三月八日土曜日、一二時五五分、わたしは近鉄八戸ノ里駅前のロータリーで、発車間際のバスに乗ろうとしてベンチに膝をしたたかにぶつけ、転倒した。前のめりに倒れた衝撃で、リュックも手の中にあった財布も、眼鏡までもが前方に吹き飛ばされた。咄嗟に右手を付き、左で体を支えた。衝撃が走った。

ふとその時、中学のサッカー部の練習のことを思い出した。砂場でダイビングヘッドした時の記憶だ。体を前方へフワッと投げ出し、額でボールを捉え、前方に強く打ち返す。その後、落下する体を地面との接触をやわらげるように両手で受け止める。

——はずだった。けれどもそれからウン十年経ってみると、代償はことの他大きかった。激しく地面に着いた右手首はみるみる腫れ出し、瘤状に肥大化した。感覚が麻痺し、力が入らなくなった。一方、左手には刺すような痛みが走った。わたしはしばらく起き上がれなかった。中高年の女性が二人やって来て、「大丈夫ですか」と心配そうに声を掛けてくれた。一人は財布の所在を知らせてくれた。わたしは、彼女の足元を指差し、「すみません。そこにある眼鏡を踏まないでくれますか」と言った。弾けるように彼女は飛びのいた。二次災害を避ける余裕だけは奇妙に残っていた。しかし右手に力が入らず、起き上ることもできない。彼女らになんとか起こしてもらい、ベンチに座った。

さてどうしたものだろう。この日、午後からは、大学で入試の小論文の採点をしなければならない。翌日は朝から入試の試験監督に当たっている。わたしは少し冷静になって、今後の行動を整理してみた。このまま痛みを押して大学へ行くのは得策ではなかろう。ひとまず病院に行こうと決断した。自力で一〇メートルほど手前の八戸ノ里駅に引き返し、駅員に事情を話し、救急車を呼んでもらった。

救急車はほどなくして到着した。車内で簡単な事情を聴取され、やがて近隣の八戸ノ里病院に搬送された。レントゲンを撮った結果、右手首と左手薬指が骨折していることが判明した。土曜日だったため、応急の医師が対応してくれた。「やってしまいましたね」と医師は言い、ちょっと困った顔をした。その言葉と表情から怪我の状況が軽傷でないことは察した。

時間は二時近くになっていた。直ぐ入院して手当てをするのが妥当だと言われたが、わたしは待ってもらい、すぐに大学に電話を入れ、簡単に事情を説明し、少し遅れるが、大学に行く旨を伝えた。

わたしは右手にギブスはめられ、三角巾で吊られ、左手は添え木を当てられ、野戦病院から抜け出した傷病兵さながらの状態で入試本部のある会議室のドアを開けた。すると、七、八名いた教職員は一様にギョッとし、事の重大さに気づいたようだ。皆やさしく迎えてくれたが、どう対応していいか戸惑っていた。だが、混乱の極致にあったのは、他ならぬわたし自身だった。

弁当を食べるにも箸は持てず、スプーンを借りたが、それすらもままならなかった。今後、このような状態が続くとしたら、食事も満足にできないだろうと考え、気が重くなった。

怪我に至る過程を何度説明しただろう。会う人ごとに繰り返し説明していくうちに、自分でもようやく事態が呑み込めるようになった。言葉は人を冷静にし、事態を整理させ、見通しを明らかにしてくれる。

わたしは近々のやるべきことをざっと洗い出し、優先順位を付け、自分でしか出来ないことを選び出した。小論文の採点はともかく、卒業論文集「近大演劇」の編集と校正、武蔵の同期生との論集『僕らが生きた時代　1973~2013』の最終校正。三日後に迫ったAICT演劇賞の選考会議、マレーシアの演劇研究者の大学訪問、卒業式と翌日の劇場でのアフタートーク。月末には東京で韓国演劇人とのトーク、『僕らが生きた時代』の出版記念会。断るものは直ぐにでも連絡しなくてはならない。

使える指は左手の親指、人差し指、中指の三本のみ。その夜は、パンと飲み物を買って、ゲストハウスに帰宿。だが、右手が使えないため紙パックの蓋が開けられない。歯を使ってようやく開封した。着替えも自由にならず、手を洗うことも難しい。改めて、大変な事態になってしまったことを痛感した。

2　怪我と付き合う

ここからは怪我と付き合った約一ヵ月間をドキュメント風に綴ってみることにする。

三月九日（日）

一〇：〇〇に八戸ノ里病院へ。手術は医師と相談して自宅周辺ですることにし、レントゲン写真をDVDに焼き付けてもらう。前日、妻に連絡し、病院探しを頼んだところ、大宮にいい病院と専門医がいることを調べてくれた。

一二：一七発の新幹線で新大阪から帰宅。車中、ペットボトルの蓋が開けられず、隣席の若い女性に開封を頼んだ。情けない。浦和駅に妻が迎えにきてくれたが、思ったほど驚かず、何をしてるのよと言いたげな顔で、こう言った。

「(怪我したからといって) 誰も親切にしてくれないから期待しないこと。日本の医療事情は病人や怪我人を決して優遇してくれない」といきなり釘を刺された。その上、「この程度ですんでよかったじゃないの」と言われた。今から思えば、この忠告は怪我人特有の甘えを戒め、その後の心の指針となった。

その日のうちに方針は定まった。大宮の赤十字病院に手外科の専門医が二人いるので、翌日はそこに行くことにした。

三月一〇日 (月)

朝九：〇〇に電車で大宮へ。駅からタクシーでさいたま赤十字病院に到着。入院、手術日が決まる。電話で姉に事情を告げる。ＡＩＣＴ賞の選考委員を辞退することを伝えようとメールを書いたが、使える指は、左手の残った三本だけ。実際は、人差し指と中指を交互に使った文章作成は、いつもの倍以上の時間がかかった。

転倒したことに関して、真っ先に頭に浮かんだのは竹内敏晴のある文章だった。彼は六一歳の時、車に追突され、からだが持ちあげられるように投げ出された。重傷を負っても不思議ではないのに、ほとんど擦り傷程度ですんだという体験だ。この文が収録されている『「出会う」ことと「生きる」こと』（セレクション竹内敏晴「からだと思想」三）を読むことにした。この本を手にしたのはほんの直観だったが、後にこの本から思わぬ示唆を得ることになる。

二三日に大阪でアフタートークをやる予定だった石原燃さんの『父を葬る』の上演台本を読む。彼女の作品はいつも親子の確執の背後に社会や歴史が見え隠れしている。

三月一二日（水）

一一：〇〇に赤十字病院へ。午後、麻酔科の医師と面談。二日後に手術をすることになる。DVDを見せられ、〝向こう側へ行ったきり帰還できないこともある〟ことを暗に示唆される。なるほど、病院は万が一のことを想定し、後でクレームが出ないよう、事前に手を打っている。『「出会う」こと〜』はだいぶ読み進んだ。わたしが想像したのとはちょっと違っていたが、からだの機能や六〇年近く生きてきた時の備えについては役に立った。

少しずついろいろな人から問い合わせが届き始める。時間だけはたっぷりとあるので、丁寧に返信する。といっても指一本で打っているから、時間はかかる。

三月一三日（木）

赤十字病院から電話があった。手術日は週末をはさむため四日間延期になる。手術の前日は病院に泊まり、術後の翌日に退院の二泊三日の入院。

「演劇映画図書目録」の原稿「寺山修司没後30年」を左手で書き始める。三枚まで。こちらからもメールをいくつか送る。

佐藤秀明（文芸学部長）さん

この前はご心配おかけしました。

八日の夜は傷口から少し出血しましたが、翌日午前中、八戸ノ里病院に行き、ギブスを付けてもらい、無事帰宅しました。

月曜日、大宮の赤十字病院に行き、手術することになりました。一四日から入院し、月曜日に手術です。右手首と左手薬指の手術なので、全身麻酔となり、昨日、説明を受けてきましたが、眠らされているうちに執刀される模様です。なんとか生きて帰還したいです。

今、残った左手の三本指で生活しており、このメールも中指一本で打っています。次第に現状を受け容れていく身体の対応力に驚いています。竹内敏晴の本を読みなおしていますが、いろいろ思い当たることが多いです。

手術してみないと先のことは見えませんが、まだご迷惑をお掛けしますが、なにとぞご寛恕ください。

三月一四日（金）

TVで映画『いまを生きる』（ピーター・ウィアー監督）を観る。昔観た覚えがあるが、英国の寄宿舎生活は微妙な年頃の少年たちにとって貴重な体験と記憶の温床だ。ここ三年ほど、中学高校の仲間たちと過ごす時間が多く、当時の生活を思い出すこともしばしばあったせいか、自己の体験と重なることも多い。

寺山修司作の上演台本『宝島』を読む。プロジェクトNYXが宇野亜喜良の構成・演出で上演したもの。「演劇映画図書目録」の原稿執筆のための資料として読む。

入院には近親者の承諾が必要だったため、姉に浦和駅まで来てもらい、入院の保証書を受け取る。親類など身近にいない者はどうするのだろう。今さらながら、一人で生きて行けない社会の仕組みを思い知らされる。

さっそく佐藤学部長から返信があった。

西堂様

佐藤です。メールをありがとうございました。

今日が一四日なので、今夜から病院だと思います。

全身麻酔とはたいそうなことになりました。娑婆への無事のご帰還を祈念いたします。まず大丈夫でしょうが。

あれから八戸ノ里駅前の現場検証をしました。どこで怪我をされたのかは、もちろん確認できませんでしたが、躓きそうな予見をもって歩くと、何だか本当にコケそうで、怖くなりました。少し前から、歩きながら意識と身体との間に微妙な齟齬のあるのを感じていたので。要するに、体が意識について行かなくなってきたようです。あのとき会議室で「笑ったでしょう」と言われましたが、確かにニヤリとしたような気がします。それは、いま書いたように、自分にも思い当たる節があるからでした。

手術を受けようとするいまのいま、竹内敏晴を読むのは、絶妙のタイミングだと思います。ひょっとすると手術をきっかけにして、眠っていた身体的思考が動き出すかもしれません。そうなったら儲けものですね。術後、暇なときに（たぶんここ何年もなかった「暇」が恩寵のように訪れるでしょう）、寝ながら天井に向けて声をぶつけて、その跳ね返りを楽しんだらいかがでしょう。

まずはお大事に。「次第に現状を受け容れていく身体の対応力」というところ、ちょっと感動ものでした。

佐藤

佐藤さんは怪我直後の大学の会議室で、「これで原稿、書けますね」と励ましとも冷かしともつかぬ言葉をかけてくれたが、こうして本当に怪我をネタに原稿を書いている。

三月一五日（土）

両手が使えない生活というものは想像に絶するほど不便極まる。

食事に関していえば、当初、茶碗も持てぬ状態で、スプーンとフォーク、それにピンセットで食事をしていた。おかず類も一口分に細分化してもらい、ようやく口に運ぶことが出来た。歯磨きは電動歯ブラシがあるのでなんとかなったが、洗面と風呂は妻に完全依存しなければならない。両手をビニールで覆い、湯船につかるだけで、全身洗いを任せる。大学に勤める妻は春休みに入った直後なので、面倒をみてくれたが、学期が始まったら、こんな至れり尽くせりただ、その看病は望めない。

残った左手の三本指で辛うじて生活していて、メールも人差し指一本で打っている。ただ、この状況を身体が少しずつ受け容れ、食事等も徐々に上達してきた。手術がどういうもので、術後どうなるのか、経験がまったくないので判断はつかないが、淡々と怪我の「その後」を生きている。

韓国からもメールの返信が来た。依頼された原稿の進捗状況に関してのもの。

西堂行人先生

ご返信ありがとうございます。

メールを読んでとても心配しております。

ホン・スンジャ先生も、

「とても心配しております。

このような状況で原稿をお願いすることになり、大変申し訳ありません。

今回の原稿は特集原稿になる予定です。

手術もありますので執筆に時間がかかると思いますので、一週間くらい締め切りを延長することを考えております。」
という返信をくださいました。
まずは、手術が成功的に終わりますように、お祈りします。
いつでも大丈夫ですので、手術の結果をお知らせいただけたら幸いです。
それでは、宜しくお願い致します。

イ・ホンイ

手術するという情報は、結構反響が大きく、見舞いに行きたいといったメールも届いたが、入院は二泊三日という短期である。見舞いに来る前に退院してしまうから、それには及ばないと返信する。命に別状がない分、気楽といえば気楽だ。

三月一六日（日）
演劇映画図書目録「寺山修司没後30年」（六枚）を脱稿。
演出家の岡本章さんより電話あり。近々の公演について来られるのかという問い合わせ。怪我のことを告げると吃驚された。彼自身も数年前、鎖骨を骨折し、リハビリが大変だったという。怪我よりむしろその後のリハビリの大変さを懇々と教えてくれた。体験者の意見は貴重だ。

今日、一〇日ぶりに劇場へ行った。手術前で、いささか手持ち無沙汰。気晴らしの外出も必要だ。怪我する直前に行った上野ストアハウスで、ＭＯＤＥの公演『遠い煙』を観る。右手は三角巾を吊り、左手は包帯にくるまれた姿を見て、会う人、会う人がやさしかった。こうして大怪我を負ってみると、人の温かさが胸に染みる。ＭＯＤＥの松本修さん、小島尚樹さん、作者の水沼健さん、元武蔵野美術大学の立花さん。そしてなによりもストアハウスの木村夫妻。この二人に会うとホッとする。「気が置けない友達」という言葉を最近、関西で使うことが多くなったが、東京でも同様の友人はいるものだ。術後、右手がどれだけ使用可能か、それが復帰の目途となる。

蜷川幸雄著『演劇の力』を読み始める。

三月一七日（月）

一〇：三〇、赤十字病院に入院。妻が付添う。簡単な着替えに数冊の本。四人部屋で、娘の明日の卒業式に出るつもりでいる患者から、片手切断の重傷者までさまざまだ。カーテンで遮られているので直接話をするわけではないが、話が漏れ聞こえてくるので概要はだいたい摑める。入院してみると、つい自分と悪い程度を比較してしまう患者の気持ちが分かった。連帯感といったものと少し違うが、他人と比較すると、自分の怪我も相対化される。

手術というのは、いろいろな検査があり、身体が一種の実験台になっている気分になる。自分であって自分でないような。病院に預けてしまった身体は、もう無言で任せるしかない。前泊するとは、その覚悟をするための一日なのかもしれない。

それにしても一日は長い。

三月一八日（火）
朝から手術の準備。妻が一二時に来院。一四：三〇から手術室へ。一七：一〇終了。三時間近い手術だったが、全身麻酔をかけられてからの記憶はいっさいなし。執刀は若い先生が二人。術後の苦痛はかなりのもの。
翌日、武蔵の仲間たちにこんなメールを送った。

「何とか今日の午前中に退院しました。手術は麻酔をかけられてまもなく眠りに落ち、『終わりましたよ』の声を聞くまで、まさに一瞬でした。こんなにも厚みのない三時間を体験したことはありませんでした。

しかし術後は厳しかった。とくに十日間使っていなかった右手指がほとんど使い物にならない。力がまったく入りません。この右手の回復が当面の課題です。」

眠りに就いていても、体力は使っているから疲労などを感じる。だが今回の三時間はまるで「空白」だった。この時間はどこへ行ってしまったのか、自分の人生からマイナス三時間された、まさに「失われた時間」だ。

手術直後は最悪だった。右手のかつてない痛みと包帯による圧迫感、左手の断続的な痛み、尿道に管を差し込まれたが最初は抵抗感があって小水が出せないもどかしさ、呼吸器をつけられていたためか汗が止まらず、呼吸困難に。パニック状態に陥った。人間は制御不能な要素が四つ以上集まると、本当に自分をコントロールできなくなるとわが身を分析した。もしこれが拷問なら、簡単に自白してしまうだろう。仮に犯罪をおかしていなくても、向こうの要求に屈してしまうのではないか。肉体が意識を決定する。人間の意識を改造することなど造作もない。

三月一九日（水）

診察の後、退院。一〇：〇〇に出て、妻とタクシーで帰宅。一〇：四五到着。しかしこれからいったい何をして過ごせばいいのだろう。いささか途方に暮れる。リハビリを考えると、身体とどう向き合うか。怪我してみて、自分の肉体とはいったいどういうメカニズムで出来ているのか、しきりに考え始める。たしかに指三本でも食事はなんとかこなせるようになったし、パソコンもだましだましだが使えた。身体は本当に、徐々に現実を受け容れ、馴致していく。その対応力に自分でも驚くばかりだ。

3 身体に向かう

三月二〇日（木）

高円寺のカフェ・アンリファーブルから電話があり、二九日の出版記念会の段取りを決める。印刷所に電話。『僕らが生きた時代』が出来たことを確認。れんが書房新社に本の配送などの手配。

一九：〇〇、高田馬場のカンタベリで、武蔵七三会の集まりに何とか出る。計四人集まる。怪我の報告と、今後の仕事の割り振りを確認。磯野さんには学園関係の寄贈を頼む。本は前回のデザインを踏襲しながら、表紙の色を水色にし、前作と差別化する。

三月二一日（金）

「演劇学論集」五七で「九〇年代の如月小春の可能性」（花家彩子）を読む。

一四：〇〇に吉祥寺で中村明一氏と会い、本を渡す。一五：〇〇からティーファクトリー

『荒野のリア』（原作＝シェイクスピア、構成・演出＝川村毅）を観る。その後、カフェ「くぐつ草」で中村氏と芝居の感想など。

三月二二日（土）

今日は初めて箸が持てた！　妻の両親が浦和に出て来て一緒に寿司を食べる。その時、右手が使えたのだ。これは画期的なことだ。ただ右腕から包帯越しに血が滲んでおり、手首を曲げることに恐怖がある。右手首には縄で縛られたような違和感が残る。

結局、大学の卒業式はパスした。養生した方が身の為という判断。日常の活動に戻るにはやはりまだまだ厳しい。

中村明一氏に昨日観た川村毅演出の『荒野のリア』についてメールを送った。

中村さん

昨日はお疲れ様でした。後で気が付いたのですが、「くぐつ草」というカフェは結城座が経営している店では？と思いました。「くぐつ」は先代の孫三郎さんが書いた本のタイトルにもあった「傀儡」ですし、人形劇一座がいかにも思いつきそうな名前です。

昨日の『荒野のリア』について考えていたら、二〇〇八年に蜷川演出の『リア王』について批評を書いたことを思い出しました。「荒野」に着目していることは蜷川氏も川村氏も同様なのですが、川村氏のコンセプトが蜷川氏の舞台との対照で見えてきた気がしました。蜷川氏の舞台はいろいろ考えさせられることが多く、蜷川版の平幹二朗の演技も非常に素晴らしいものでした。蜷川版『リア王』の批評を添付しますので、興味と時間があったらお目汚しください。

すぐに、中村さんからメールが届いた。

「昨日は本当にありがとう。演劇評論家と観劇するという、とても贅沢な時間を過ごせました。貴君の様々な言葉が蘇ってきます。
蜷川氏の評、読ませてもらいました。深い読みですね。私も見たかった、というのが実感です。そうしたら、もっとこの評について解っただろうと思います。
また宜しくお願いします。」

中村明一

三月二三日（日）

『僕らが生きた時代』のあいさつ文を書く。「最後の最後で、この第二の出立を実践してしまった」という苦い感慨をこめて。出版記念会出席者にメールを送る。

Jリーグ初の無観客試合、浦和対清水戦（埼スタ）をテレビで見る。ちょうど怪我した日に、浦和のサポーターが掲げた垂れ幕「日本人以外お断り」が差別に当たるとして、罰則を受けたもの。〝Japanese Only〟を最初見たとき、レッズは日本人選手だけで構成しているので、ブラジル人が出ていないという意味かと思った。そんな重大な問題だったとは！

武蔵七三会にメールを送る。出版記念会では、本の魅力や武蔵の「三理想」に焦点を絞った議論をしたいと提案する。この本の内容はとても面白い。ユニークな同輩がいっぱいいる。この人的資源は間違いなく、大きな財産だ。そういう魅力を引き出す出版記念会にしたい。ちょうど三年間で二冊の論集をつくったが、何故こんな作業をしたのだろう。二冊目の本を眺めていて、かつて同じ教室で学び、その後八方に散っていったが、同じ場所、時間を共有していることがどれだけ貴重な経験かを確かめることにあったのではないか。学校関係の仲間は、利害関係が発生しないから純粋に付き合える。この利点は掛け替えのないものだと思う。

三月二四日（月）

一進一退。

一一：〇〇頃、ただの経過観察のつもりで赤十字病院に行ったのだが、手術で左手に入れた針金が手の平までせり出していることが分かり、即手術となった。診察担当のＳ先生は、「よくあること」と言ったが、わたしには、手術のやり直しは驚きだった。楽な手術だから、手術室が空き次第やるという若いドクターＨさんの言葉。だが、それからが長かった。手術室はなかなか空かない。結局、手術を言い渡されてから延々と待たされること五時間。それまで水一滴たりとも口にできない。手術前は体を空っぽにしなくてはならないからだ。当然、喫茶店に行ってコーヒーを飲むわけにもいかない。

時間を潰すことは得意だが、喫茶店に行けないのは正直辛い。仕方がないので入院病棟に行って、高校野球を見て時間を潰す。しかし、本を読んだり、ノートを書いたりする「時間潰し」とは質が違う。こういう時間潰しは心底耐え難い。

一九：〇〇手術開始。約一時間で済んだ。今度は局部麻酔（業界用語でキョクマ）、しかしそれが思うように効かず、ゼンマ（全身麻酔）に切り替える。脇の下に注射が打ち込まれる。感覚がなくなり、意識が白濁とし、時折眠ったようだ。ようやく手術が終わると、左腕は異物となった。「これが俺か」、それが第一印象。試しに自分の右手で左手を触ってみる。すると、触る感覚のみがあって、触られる感覚は微かだった。通常なら、触る―触られるは、フィフティフィフティのはずだが、これが非対称。ファントム・ペインという言葉を思い出した。ユングの言う幻影肢だ。

終了後、一人で帰宅するつもりが、まるで体が動かない。左手は麻酔が効きすぎて、感覚を失っている。まるで〝棒〟だ。安部公房の戯曲に『棒になった男』という不条理をテーマにした劇作があったが、メタファーではなく、リアリズムで「棒になってしまった」。妻に迎えに来てもらい、タクシーで帰宅。

夜半、麻酔が消えたら、今度は圧迫痛！　先週の術後と同じ痛みだ。何とか夜をやり過ごす。

三月二五日（火）

日常へもう一歩。

からだが万全でないと、闘争本能が消えていく。守りに入って、ひいては「引きこもり」がちになる。「引きこもり」の身体性について考えた。彼らは他人とフィジカルに接触することが怖くて外へ出られない。その心境が多少摑めた。家は身体を守ってくれる砦で、そこから一歩出たら、厳しすぎる現実が待っている。

昨日、夢を見た。すれ違った外国人の子供とちょっとした諍いがあった。少しエキサイトした。もう一つ別の夢も見た。夢の中で手の不自由はなく、健常だった。少しずつ日常に戻ってきたのかと思う。

二八日に韓国の演出家とアフタートークをやるために、上演台本『黄色い猫』（パク・ミヒョン作）を読む。

印刷所や版元のれんが書房新社に電話を入れ、配本の件で相談。東京演劇アンサンブル、燐光群、日本演出者協会にメールを送る。公演の観劇中止や二八日のトークの可否を伝える。

三月二六日（水）

手持ち無沙汰。とくにやることもなく、この時とばかりに、歯医者と理髪店に行く。どこでも同情の嵐で、気の毒がられる。どうやら最悪の事態は乗り切った感。

昨日読んだ台本『黄色い猫』を改稿した『無惨なメディアの詩』を読む。『黄色い猫』よりずっとあっさりしていて、拍子抜けした。不安な妊婦の心理が描かれた「妊娠戯曲」みたいで、上演舞台は静態的だろうと推察した。韓国演劇の特徴は全身体を使った躍動的なものが多いが、今回の舞台はちょっと摑み難いものを感じる。

韓国演劇評論の「シェイクスピア」特集原稿を書き始める。でもまだ方針が決まらず、手探り状態で、全体のスケッチに留まる。

闘争心が少しずつ出てきたらしい。今回はあるフェスティバル関係者との言い争う夢を見た。これは良い兆候ではないか？　生きる活力は闘争心がバロメーターになるのだろうか。でもそれは、「怪我以前」に戻ったことで、もう少し新たな問題系を見つけ出さなくてはならない。「前のめり」でない、別の視点を発見したい。

三月二七日（木）

「韓国演劇評論」の「シェイクスピア」は七枚まで書き継ぐ。この前、中村氏に送った蜷川版『リア王』の原稿が使えるのではないかと思い、これをベースにすることで少し前方の視界が開けた。原稿の内容は、シェイクスピア翻訳の歴史をたどりながら、受容史をさらい、具体的には『リア王』解釈の変遷に絞ってみる。ヤン・コットの著作『シェイクスピアはわれら同時代人』が使えるだろう。

三月二八日（金）

一一：〇〇に赤十字病院へ。術後の経過を診せる。これまでの入院費や再度の手術費を支払う。請求額はなんと八八万円強！　今回は労災が利くので、保険を使わず全額支払っていたのだが、とても現金では払えない。それで思った。保険に入っていなかったり、職がなかったら、おいそれと怪我もできない！　社会の格差に否応なく直面させられる。

夕方から久しぶりに遠出。とはいえ新宿までだが、付き添うはずの妻は自宅の駅からはぐれてしまい、結局、一人で会場のタイニイアリスまで行く。頼りになるのかならないのか、不思議なヒトだ。右手を三角巾で吊り、左手の添え木状態は見るからに重症患者。だが電車でも席を譲ってくれる気配もなし。日本人いや東京人は冷たいね、としみじみ思う。初日に妻の言ったことはこういうことだったのかと納得。街を歩いていて人とぶつからないか、それに神経が向う。怪我した身体は、今までと違う神経の配り方をする。横断歩道も無理して渡らなくなった。これも新しい戒め。

劇団可変（カピョン）の『無惨なメディアの詩』（イ・ソング演出）を観る。アフタートークは劇作家の李章烈氏が韓国の演劇事情の報告、イ・ソング、小林七緒とわたしでトーク。台本を読んだ時よりも上演の方がはるかに刺激的だったので、ちょっと喋りすぎた。「観客のためにイケメンの演出家にもっと喋らせるべきだった」とは、先刻遅れてきた妻のダメ出し。いつも厳しい！　反省。

三月二九日（土）
一二：〇〇カフェ・アンリファーブルに集合。一三：〇〇〜一六：〇〇が『僕らが生きた時代　1973~2013』の出版記念会。計三七名集まる。

今回は議論を展開したいというわたしの要望は前半、ほぼ満たされた。先生も城谷さんが遠路・大分から駆けつけてくれる。もっとも彼は会うなり、「なに悪さしたんだ！」と一喝。先生というものはかつての教え子をいつまでも「生徒」だと思っている。たしかに年齢差は決して縮まらないから致し方ないか。他にも先生が二人出席。座談会に参加してくれた四年先輩の高橋順一さん（早大教授・ドイツ思想）も駆けつけてくれた。この日、母校で恒例の花見の会。梶取校長には日にちがバッティングしていることを残念がられた。

その後、高円寺の四丁目カフェで数名と打ち上げ。帰宅後、腕が痛み始める。この日までは何とか無事でという緊張感が解けたのか。まだ安心していられない。

『演劇の力』読了。演出家の評伝と九七年以降の開演前の演出ノートの一挙掲載。デビューが遅い（三四歳）とはいえ、五〇歳を過ぎてからの蜷川氏の演出活動は凄まじいの一語。古今東西の作品を舞台に上げる貪欲さは、後続世代の壁になろうとしているように思われる。早く蜷川ウォールを超えていけ！

三月三〇日（日）

一五：〇〇、梅ヶ丘BOXにて『父を葬る』を観る。アフタートークに参加。石原さん、篠原久美子さんの女性二人と。最初、女子会ペースに圧倒されたが、女性たちが気をつかってくれたのか、後半はよく喋らせてもらった。後で、石原さんの夫で劇作家のくるみざわしん氏に、一連のトークで一番良かったと褒められた。今回は一昨日の禁として「自重した」のが功を奏したか。少なく喋る方が効果的。

三月三一日（月）

朝倉摂さん告別式（青山葬儀場）に。

朝倉さんは九四歳で亡くなられたが、まさに「アヴァンギャルド少女」にふさわしい大往生。朝倉さんとは第一回の読売演劇大賞で審査員を一緒にやらせてもらってからの付き合いで、いつも何かと目をかけてくれた。わたしの意見も支持してくれて、「あなたがいた頃の方が面白かったよね」と後年、言ってくれた。二人とも審査から外れていた。賞自体が段々業界向けになり、保守化しているように思ったのだろう。安らかに眠ってください、朝倉摂さん。

4　〈無為〉を生きる

四月一日（火）

新しい年度が始まった。一年の始まりは、一月一日よりも、四月一日の方がより現実味がある。これは学校関係者特有の考え方だろう。

ともあれ、二〇一四年度が始まった。今回は特別な一年になる予感がある。


午前中、赤十字病院で診察。この日、右手のギブスがとれる。ただ手術の傷跡は赤みを帯びて鮮明に残る。傷跡を覆うために、カーゼ状のサポーターを巻く。

新幹線で大阪へ。明日からのガイダンスに備えて前日入り。

ひさしぶりにペンを握った。怪我して以来だから、三週間以上。こんなに長くペンを持たなかったことはかつてなかった。ようやく先月末からメモをとれるようになったが、本格的に書くのは今日が初めてだ。

この間、パソコンで日々の作業日誌は付けていたので、これをノートに張り付ける。これで四十年続く日々のルーティンワークに欠落はなくなったが、もしパソコンがなかったら、長年の習慣が跡絶えて、結構落ち込んだろう。

四月三日（木）

怪我は自分の生き方を見つめ直す良い機会になった。現在、右手はリハビリ開始。左手はギブスで固定。GW前にピンを抜く予定。

右手からギブスが取れ、抜糸したが、術後は握力がほぼゼロになっていた。それが半月で、十歳児並みに回復。一日ごとに一歳〝成長〟していく兆しが確かめられる。これは新鮮な体験だった。この分なら後一〇日で二〇歳に到達する。そこで〝成長〟が止まってもいい。

弱者の目で世間を見ると、日常は〝危険がいっぱい〟だったことに気づく。現代人はかくも危ない日常をよく平気で生きていられるものだと改めてわが身の鈍感さを思い知らされる。人間は闘争心を失うと引きこもりがちになる。なるべく外に出るように心がけたが、今まで「前のめり」で生きてきたこと、過剰なことを強いられてきたことをどうすれば「捨て」られるか、「なくしてみる」ことができるか。世の中を成り立たせてきた論理は強者のそれであり、そこから脱落すると、とたんに不自由が押し寄せてくる。現代人はそのレールを踏み外さないように自己規制する。それがかえって自分の首を絞めていく。

二次災害を犯さぬよう、気をつける。

四月五日（土）

前日、専攻の教員たちで新任の先生たちの歓迎会を開いた。その夜は近鉄小阪のホテルに泊まったが、左手のギブスが皮膚に当たり、突き刺さるような痛みで眠れなかった。朝、八戸ノ里病院に行こうと思ったが、偶然つけたテレビで一七歳以下の世界女子サッカー決勝戦をやっていたので、思わず最後まで見てしまった。リトルなでしこがスペイン代表を二対〇で破る。サッカーのあらゆるカテゴリーで、若い世代の女子サッカーが一番世界の頂点に近い。これは間違いない。

八戸ノ里病院でギブスを外してもらおうと思った。が、一部を切ってくれただけだった。他病院の処置を尊重するためのようだ。医師の話では、ギブスのはめ方は「論理的で妥当であり、なぜこのように巻いたかは十分正当性がある」という見解だ。なるほどと思った。これが病院間のルールなのか。

大学院の「身体文化論」のガイダンスで、包帯とギブスに覆われたわが身体を強調して、思い切り「身体文化」の必要性をアピールした。他の先生からは、この科目のために怪我したのかとツッコミを入れられる。もちろん偶然の産物。ただ「転んでもただでは起きない」精神だけは、活用すべし。

四月七日（月）

日大芸術学部の熊谷保宏准教授の葬儀に出る。突然の訃報にも驚いたが、働き盛りの四六歳だっただけに本当に惜しまれる。昨年、大学に来てセミナーを開いてくれたし、何年も非常勤講師で集中講義をお願いしていた。「応用演劇」という新しいジャンルを開拓中だっただけに後継者も困難を極めるだろう。日芸の学生たちの戸惑いも、新学期早々だけに一層深刻だ。弔辞を詠んだ中野茂樹さんの心の籠った言葉が印象的。兄貴分でもあった熊谷氏の人柄がうかがわれた。柩の中に収められた本に『改訳版・ブレヒト教育劇集』があった。わたしが十数年前に編集した本だ。中野氏に言わせると、「この本が本当に好きだったんですよー！」と。熊谷氏と思わぬ繋がりを発見したことで、さらに無念さが募った。
それにしても、包帯を巻いた手では故人を拝めない。拍手も出来ないから劇場に行っても無作法をしてしまう。日常の中に思わぬ落とし穴があった。

四月九日（水）

新年度の授業が本格的に始まった。今年の前期は水曜日に二コマ、木曜日に三コマ、金曜日が二コマと計七コマ。ただし、東京での非常勤が今年からなくなったので、授業に関する負担は多少減った。当面は授業をこなすことだけに専念。余力はいっさいなし。

四月一二日（土）

武蔵七三会の集まり。三月二九日の出版記念会の反省と、今後どうするかを検討。まだまだ同学年の書き手の人材は発掘可能だが、三冊目は止めようということで合意。一応やり尽くした感もある。ただ小さな勉強会的なものは持続したい。この集まりは、自分の専門領域以外の者たちとの意見交換から始まったもの。大人が自由に語り合える場はますます少なくなっている。同窓生による著作活動はひとまず終わったが、個人的には、幼少年期のことを書いてみたい。中学高校時代のことを書いた「アングラと肉体の日々」を振り返ってみて、自分の原点はもう少し手前、つまり小学生時代にあったのではないかと感じたからだ。いずれ自分が執筆活動を始めるまでのことを一冊の本にするつもりだ。たぶんそれは『わたしの演劇修業時代』というものになるだろう。

Eテレで、「神聖喜劇ふたたび、大西巨人の闘い」を見る。今年の三月一二日に九七歳で亡くなった大西巨人の長く孤独な闘いは、人間に大きな志を持て、と呼びかけているようだ。それに応える自分があるのかと自らに問わざるを得ない。大西の「神聖喜劇」は途中までしか読んでいないので、気がかりになっていた。埴谷雄高の「死霊」は読了したが、戦後文学を代表するこれらの名作には、一〇年二〇年のスパンで、自分の仕事を考えなくてはならない要素が詰まっている。

身体の変化を気づかいながら、日々、細心の注意を払って生きている。

四月一四日（月）

少しずつ恢復の兆しが見えてくる。今日は赤十字病院で、左手の包帯がひさしぶりに取れ、骨を固定するためのピンを抜き、ネジのようなものが取れた。包帯が開けられた瞬間、わたしは思わず「無惨ですねえ」と感想を漏らした。するとS先生も「無惨だねえ」と相槌を打った。術痕は皮膚が抉れ、穴が開き、目を背けたくなるほどのありさまだった。先生は見慣れているせいか、微動だにしなかったが、初めての経験者たるわたしは、そういうわけにはいかない。動揺がないと言えば、ウソになる。

怪我してから五週間経った。この間、〈無為〉をやり切ることだけを肝に銘じていた。骨が元通りになるには、ひたすら我慢して待つよりほかない。とにかく患部を固定し、動かさないこと。日常にどっぷり浸っていること、そのための〈無為〉だ。

どこか太田省吾さんの沈黙劇と通じ合うものを感じた。登場人物は舞台上で何も行為らしいアクションを起こさない。けれどもその「なにもなさ」の中で、こちらの感覚は刺激され、思考は駆動する。

四月一五日（火）

連日、病院に行き、折り返し地点にたどり着いたことを認識する。要するに、怪我の応急処置がひとまず終了し、第二段階、つまりリハビリテーション段階に入ったということだ。ここまで来るのに、四〇日かかった。「四〇」という数字は一つの区切りだろう。これからいかに恢復するか、原状にどこまで近づけるか、それが目安になっていく。

生活の立て直しをそろそろ考えなくてはならない。これまで非常事態で打っちゃっていたもろもろの事柄を整理し、道筋を立てる。

四月一七日（木）

大学の第二週目は続く。労災の手続きを申請。

韓国演劇評論の「シェイクスピア」論を脱稿する。四〇〇字換算で一七枚。さっそく韓国にメールで送付。シェイクスピアの受容として、一九七四年が大きな転換期だったことを突き止める。井上ひさしの『天保十二年のシェイクスピア』が書かれ、蜷川幸雄は初めての商業演劇進出の『ロミオとジュリエット』を上演した。

『木下順二の世界』（井上理恵編）、『モダンドラマの冒険』（小田中章浩著）、『唐物の文化史』（河添房江著）などを読む。丸山真男の文庫本解説『君たちはどう生きるか』（吉野源三郎）も再読。

「東京新聞」で早稲田小劇場の再建の記事を読む。早大が来春を期して、かつての小劇場を復元するもの。元早稲田小劇場の主宰者だった鈴木忠志氏のコメントも載る。彼に言わせれば、単に劇場を再建しても意味がない。「しっかりした理念を持って、世界に通用する人材育成の場になってほしい」と。施主のT工務店の担当者は武蔵の同期のY。全然儲けにならないらしいが、しっかりやって欲しい。

5 「第二の出立」に向けて

四月一九日（土）

今日、久しぶりにサッカーを見に、埼玉スタジアムに行く。Jリーグに行くのは、大阪万博競技場で開幕戦のG大阪・浦和戦以来だ。三月五日に日本・ニュージーランド戦を国立競技場で見てから、一ヵ月半以上もスタジアムから遠ざかっていた。単にサッカー見物と言うなかれ。ようやくこの日が、活動再開の解禁日となったのだ。それがサッカー観戦だったのは、わたしの優先順位を物語っているのか。単なる偶然か？

四月二〇日（日）

この日は映画解禁日。新文芸坐でゴダール映画を見る。約五十年ぶりに『勝手にしやがれ』と『気狂いピエロ』の二本立てだ。中学生の時、『気狂いピエロ』を一緒に見た友達は、〝何が何だかさっぱり分からない〟と言っていたことを思い出す。ストーリーは大半忘れていたが、ランボーの詩が引用されていて、いかにもフランス映画だと思ったことを思い出した。自由を求めるフェルディナンことピエロの生き方が主題だが、演じるジャン＝ポール・ベルモンドは六〇年代という時代の軽さと明日なき不安を波乗りしていた。ラストで顔に青ペンキを塗り、ダイナマイトを頭に巻いて自害するシーンは、今回も鮮烈だった。シューマンの音楽が耳に残る。

『勝手にしやがれ』はゴダールのデビュー作。と同時にヌーヴェルヴァーグの金字塔。自動車泥棒の投げやりな逃避行。ショートカットヘヤーのジーン・セバーグが当時話題になった。ラストで犬のように殺されるシーンはその後、さまざまな映画や演劇でオマージュとして引用された。しかし今だったら、こんな逃避行が成立するだろうか。管理や監視のスピードは驚くほど早まっている。

ゴダールの映画に共通するのは、ストリートにこの身をさらしていく感覚だ。その身体感覚がひりひりとしていて、怪我から恢復途上のわたしの身には応えた。

四月二一日（月）

いよいよ演劇の解禁。すみだパークスタジオの桟敷童子『海猫街』がその幕開けとなる。会場は急勾配の客席で、たどり着くのに一苦労だった。近くに、さいたま芸術劇場の渡辺弘さんや日本経済新聞の河野孝さん、劇評家の江森盛夫さんがいて、皆やさしく応対してくれる。コートまで脱がしてもらった！　この親切はいつまで続くのか。単に同情されているだけか？「君の悲哀がいかに大きかろうと、世間の同情を引いてはいけない。同情の中には軽蔑の意が含まれているからだ」とはプラトンの格言。

サッカー、映画と続いて、劇場に来ると、モノを見ることを生業（なりわい）とする自分の宿世を思わずにいられない。そのためには、体力がなければならないと実感する。目的地にたどり着くのにも、相当な労力を要するからだ。

ようやく日常が戻ってきた。さてこの日常を、以前と違う〈日常〉に組み換えられるか？

それが本当の勝負になる。

四月二二日（火）

四〇数日ぶりに両手から包帯の覆いがとれた。ようやくここまで来た！　先週、折り返し点に着いたと認識したが、今まで通りの活動を再始動できることを静かに喜びたい。S先生に言わせると、「よくここまで回復した」。わたしの年齢からすると、回復は普通の人より早いということなのだろう。怪我の直後、妻がわたしの顔を見るなり言った「この程度ですんでよかったじゃない」が腹にストンと落ちた。ただし、以前と同じ活動をしていたのでは、元も子もない。今までの自分を殺し、新たな自分をどのようにしてつくり変えるか。そのためには、どこかで切断を入れ、別の生き方を始めなくては……。それが「第二の出立」の意味だ。

さてそれをどのように構想したらいいだろう。怪我を媒介にして、思考はさまざまな可能性を示唆してくれる。少なくとも、三・八以前に戻らない決意だけは新たにした。

（了）

第二章　「なにもかもなくしてみる」から――太田省吾さんへの賛辞

〈ソウル国際公演芸術祭セミナー〉での講演原稿より（二〇一四年九月二〇日）

最初にこのセミナーに招いていただいたソウル公演芸術祭と演戯団コリペの李潤澤《イ・ユンテク》先生に感謝したいと思います。李先生は『小町風伝』と太田省吾さんについて、わたしに幾度も語る機会を与えてくれました。最初は二〇一二年一月、大阪で日本人俳優による初演の時でした。次に同じ年の五月、釜山の国際演劇祭でのシンポジウム、三回目は翌二〇一三年八月、密陽演劇祭のセミナーで「ゆっくりの美学」というテーマでした。四回目はその年の一一月、東京の駒場アゴラ劇場での『小町風伝』のアフタートークでした。

同じテーマで連続的に語り合うという機会はめったにありません。今回を入れると、三年で計五回になります。李先生のように一つの作品、一人の作家をとことん掘り下げていこうという芸術家の姿勢には敬意を表したいと思います。今回も何か新しい視点が出せればと願っています。

太田省吾の演劇を語る前に、あるいは「沈黙劇」を語る前に、わたしは最近自分が体験したことから語ってみようと思います。

今年の三月、わたしは路上で転倒し、右手首と左手薬指を骨折しました。全身麻酔で手術を受け、術後は右手にギブスをはめ、三角巾で吊り、左手は添え木をするなど、傷病兵さながらの状態で過ごしました。食事や風呂もままならず、両手から包帯がとれるまで、約一ヵ月半かかりました。現在では右手は回復し、左手に軽い痺れが残っていますが、普通の生活をほぼ送れるようになりました。

わたしはその間、自分の身体に向き合い、かつてないほど身体への思考を巡らしました。それとともに、今まで生きてきたこと自体への見直しを迫られたといっても過言ではありません。今まで、「前のめり」になって慌しく生きてきたこと、無理して過剰に仕事を抱え込んできたことへの反省、もっとゆっくり行動することの必要性、などです。

怪我をして気が付いたことがあります。それは世の中が暴力に満ち満ちていることです。道を歩いていても、平気でぶつかってくる人、自分本位で行動し、他人に関心を向けず、他人の迷惑を顧みない者、日々危険がいっぱいだったことです。とりわけ怪我した身体に応えたのは、音です。身体は音に過敏になります。身体に直接働きかける音はノイズというより、暴力そのものと言えるでしょう。

他人との接触を怖れた身体は、引きこもりがちになり、自守防衛的になります。今社会問題となっている「引きこもり」とは、身体的弱者の別名でしょう。彼らの気持ちが初めて分かるような気がしました。家の中は、最後の自主防衛の砦なのです。それくらい、家の外に出ると、暴力が溢れているというわけです。自分が弱者になると、他人に少しだけ寛容になり、慮るようになりました。健康な肉体の時には、考えたこともない事態でした。

わたしは怪我した直後、ある人の本を無性に読みたくなりました。六一歳の時、交通事故に遇い、奇跡的にかすり傷ですんだ人のエッセイです。その人の名前は竹内敏晴。もともと彼は演出家でしたが、演劇教育に長年たずさわり、後年は、身体のワークショップを開拓して、数々の身体についての著作も残しました。一九七五年に刊行された『ことばが劈《ひら》かれるとき』という名著は、今でも多くの人に読み継がれています。

竹内は、まさに身体から思考し、傷がい者やマイノリティの生き方、強者によって構成されている社会の仕組み、もちろん演劇のあり方も考え抜いた人です。彼の言葉に、「したくないという自由」があります。日々の生活でつねに何かをせざるをえない現代人のストレスは相当なものです。ならば〝身体が拒絶すること〟はしなくていい、ということを言ったものです。あるいは「じかの思想」という言葉もあります。本当のことは直接触れてみなければその真偽がわからない。そうした身体接触の本質について言及したのです。

高校生の時まで、耳が不自由だった竹内は、ようやく他人の声が聞こえるようになって他人と接触できるようになり、からだが解放された、つまり「劈かれた」という経験をしました。それが「からだイコールことばが劈かれた」瞬間なのです。その時になって、ようやく他者に呼びかけが可能になった、と竹内は言っています。


実は竹内の本を読み返しながら、わたしが連想していたのは、太田省吾の演劇であり、思想でした。太田のエッセイに「人はどういうことがしないでゐられないだろう」というタイトルのものがあります。人間の行動の選択肢を洗い出していくと、いろいろな物が不要となり、最後に残るものは、本当にやらなくてはならないことだ、ということです。言ってみれば、消去法、つまり引き算の思考です。

太田のエッセイ集のタイトルに『なにもかもなくしてみる』という言葉があります。これは『更地』（一九九二年）という太田作品に出てくる台詞「なにもかも、なくしてみるんだよ」から採られたものです。

この言葉には言い知れぬインパクトを感じます。「なにもかも」とは一体どこまで指すのでしょうか。文字通り一切合財なのか。だが命までなくしたら、この言葉を背負う主体がいなくなってしまう。それとも誰かが引き受けて、リレーしていくことを意図しているのでしょうか。「なくしてみる」とは、意志の表われで、積極的に棄てることを意味するのでしょうか。あるいは外部からの力によって、「なくなってしまう」という意味も含んでいるのか。

太田はこの言葉の意味を、社会的な枠を外して、規範や価値観から一歩外に出ることだと解釈しています。その枠の外で、生命的な身体や宇宙に出会える。それは「死人の目」で「地上のことを見る」ことに似ていると言っています。

この言葉がにわかにアクチュアリティを帯びてきたのは、二〇一一年の三月一一日、東日本大震災の津波の映像を見たときです。命は残っても、自分がこれまで積み上げてきたものが一挙に押し流されてしまったら、わたしたちは「その後」を毅然として生きていけるでしょうか。わたしにははなはだ自信を持てませんでした。

「サバイバーズ・ギルト」という言葉があります。生き残った者が、亡くなった者たちに対してすまないと思う罪悪感から出て来た言葉です。津波で運よく生き残った者たちは、亡くなった家族や親類縁者、隣人や友人たちにそのような後ろめたい思いを抱いたといいます。何故救えなかったのか、自分がもっと別の判断をしていたら、救えたのではなかったか。わたしたちは、すでに何かに先立たれ、奪われてしまったことを常態として生きているのです。

太田省吾の沈黙劇は、言葉を無言にすることが大事なのではなく、動きを極度に緩慢にすることが重要だと言っています。これは言葉が奪われていく過程で、ついに沈黙に至り着いたということです。つまり究極の引き算です。

彼のキーワードの一つである「裸形《らぎょう》」は、演劇の要素をひとつずつ取り除いていって、最終的に残るものは何か。それが「裸形」です。そこで存在の意味が問われるのです。

太田はまた雄弁な言葉よりも朴訥な言葉を、目明きで明晰な思考より、盲目で視界の見通しにくい思考をより重視しています。いずれも弱者の側に立った思想です。弱者はつねに「受動的」であり、権力を持った者に操られ、支配されてがんじがらめにされる存在です。明晰で達者な言葉に、いつでも懐柔されているのです。それをどこかでウソだと見抜き、拒絶するのは身体です。というより、本来言葉ほど明晰でない身体は、そのウソを直観的に見破り、虚偽を察知してしまうのです。

怪我した直後のわたしはそうした身体のあり方を見つめ、そこで自分に言い聞かせたことがあります。「〈無為〉を生きる」ということです。骨折した状態から回復するには、じっと動かず、できるだけ何もせず、そのまま放っておいて、骨がくっ付くのを待つしかありません。つまり、わたしはゆっくりとした時間を「〈無為〉のまま過ごす」ことを強いられ、それをすすんで受け容れたのです。それはまるで太田省吾の劇を観ている時のようでした。

しかしそこで、確実に何かが変わるのではないか。一旦、身体の機能を失ってみると、別の機能が起きだし、世界の見え方が変わってくるのではないか。そんな解体と再生の契機が、わが身体に訪れたのではないかと思いました。

『小町風伝』の中に、こんなシーンがあります。

終盤近く、舞台上から家具が一つずつ運び出され、それを老婆が見ながら、タンスや卓袱台、襖といったものが「川に流されていく」と譬え、「どう、なにもかもなくなるって、割合いいながめね」と語るのです。この言葉を今聞くと、津波の光景を思い出さざるをえません。その後、「脱皮する時の気持ちがわかるような気がするわ、あの虫たちや蛇たち、こんな楽しみを味わいながら生まれてくるんだわ」で締めくくるのです。

津波で家や自動車が流されていく光景を、被災者たちはどんな気持ちで眺めていたでしょう。被災直後には、とても「いいながめ」とは言えなかったでしょうが、時間が経って、徐々に回復、再生するにつれ、「脱皮する」という言葉は、案外しっくりきたのではないでしょうか。コリペ版『小町風伝』の舞台では、イ・ウンジュさんの声音とともに、この劇の白眉とも言えるシーンです。（彼女は二〇一五年の四月に急逝しました。聡明な女優であり、演出家だったの

にと悔やまれてなりません。——註）

老婆の台詞の後、ト書きはこのように綴られています。

「部屋って、この世をせばめる枠なのね。なくなってみると、宇宙と仲よくなる気持」。ト書きが台詞体で書かれているのは『小町風伝』の非常に大きな特徴でもあり、これを書いた太田はたぶん無意識で書き付けてしまったのでしょう。しかしこの自由な記述は最大の収穫だったと考えられます。わたしは同じ一九七七年にハイナー・ミュラーによって書かれた『ハムレットマシーン』との類似性を想起しました。ミュラーもまたト書きと台詞の境界を超えてしまったのです。

部屋が解体され、自由な連想の翼に乗って、老婆はこの世と地続きで、その向こう側に「宇宙」を想定しています。この部分は、晩年の太田の思想と呼応するところです。

太田は絶望の向こう側に、辛うじて触れうる「希望」を見ていたのではないか。安易に希望を語れないことを重々承知の上で、あえて「脱皮する」と言ってみたり、「なくなってみると、宇宙と仲よくできる」と前向きに捉えるのです。下手をすれば、不遜に聞こえるかもしれない言葉を、ぎりぎりのところで切り出している。わたしにはそう思えました。それは悲劇に「希望」を見ることだと思います。

ギリシア悲劇の代表作『オイディプス王』の主人公は、怪物スフィンクスを倒して国を救ったという功績で王位に就き、市民からの賞賛と妻と子供たち、つまり家族を手に入れました。そして最後には、自らが望んだ通りの知＝自分の出生の秘密を知ります。だがその「発見」は直後の彼の運命の「急転」となり、オイディプスは全てを失います。ある意味で、絶頂の時期から一気に転げ落ちてしまった、それが『オイディプス王』の悲劇です。

最後の最後で、オイディプスもまた「なにもかもなくして」しまったのです。しかも彼は自らの目を潰し、光も失った。自らの光＝知をも「なくしてみた」のです。絶望の中で、彼は国外に出て行く。しかしオイディプスは死を選びませんでした。あらゆる苦難と辛苦を背負いながら、生きることを選んだのです。しかも最弱者となって。最弱者を引き受けることで、彼は神に立ち向かい、生きることの希望を未来に託したのです。それが悲劇を引き受けるということでしょう。

とすれば、ソフォクレスから現代の太田省吾まで、同じテーマが変奏されているのではないでしょうか。それは津波によってなにもかも奪われてしまった者たちへも引き継がれていきます。こうしたテーマは、現在を生きるわれわれにひとしく迫ってくる問題でしょう。

太田省吾がなぜ「沈黙劇」に至り着いたのか。言葉を失い、動きが緩慢になり、なにもかも奪われてしまう過程で、すべてを奪い尽くされた地点、つまり死者の視線から、現在を見返すこと、そこに「希望」や「未来」を見ようとしていたのではないでしょうか。そうわたしは今、考えています。

編集後記

西堂「先生」との思い出

西堂先生に奈良の旅館へ連れて行ってもらったことがある。本書冒頭にあるインタビューをした時のことだ。その時は西堂先生に宿泊費食費を出してもらい、わたしが出したのは交通費のみである。西堂先生とはつまり、そんな先生だった。面白いことを思いついたなら遠慮なく他人を巻き込み、しかしその巻き込んだ他人には迷惑をかけないような、すっきりした先生だ。わたしはそんな西堂先生が好きで、尊敬している。

そんな西堂先生に言われ、気を付けるようにしていることがある。学校の外で「先生」と呼ばないことだ。奈良の旅館へ向かう途中の電車のなかで、西堂先生に「先生って呼ばないように」と注意されたのだ。どうも「先生」と呼ばれることに抵抗感があるようだった。それからわたしは近大の外では「西堂さん」と呼ぶことをこころがけている。しかし今後、西堂先生に会ったなら、「先生」と呼ぶことを許してほしい。わたしにとって近畿大学での「先生」と言ったら西堂先生なのだ。もちろん、ほかに世話になった先生はいる。しかし西堂先生からは勉強以上のことを教えてもらった。

本書冒頭のインタビューに同行した上谷晋一も「劇的な刺激をもらった」と感謝していた。わたしもそう思う。しかし一言付け加えるなら「またガストへ行きましょう」だろう。わたしが近大横のガストで西堂先生に使わせた食事代は、きっと大変なものになっているだろう。

（小田嶋源）

近畿大学はマンモス大学と呼ばれるほどの学生数を誇りますが、その中の芸術学科は実にこじんまりとしたものです。舞台芸術ともなれば各学年五〇人にも満たないので、私の考えていた「大学」とはかけ離れ、とても窮屈に思えました。そして近大は「マグロ大学」とも呼ばれる実学主義なので、学校の片隅にあるこの専攻にはなかなかスポットが当たりません。新校舎（新アート館）が一年前に建てられた場所が、構内の端っこにあることも無関係ではありません。他学科は果して舞台芸術専攻の存在を知っているのか、はなはだ疑問です。そんな中で、「本を出版しよう」という西堂教授の提案を聞いた時に、信じられず、聞き流してしまいましたが、西堂教授の行動力に圧倒される形で完成しました。過去を振りかえることで学生と大学との関係、舞台芸術専攻が大学という「実験の場」をいかに活かしていけるかを考える機会を頂けました。「唐フェス」のようなものが今後またできるかわかりません。ですが、本の出版という形で私たちの今の状況に一石投じられたのではないかと考えております。素晴らしい機会に関わらせていただき、ありがとうございました。

（中瀬良衣）

＊

たぶんＴＯＰ演習の受講生（略称ＴＯＰｓ）の誰もが半信半疑でやってきたのだと思うが、本当にこんな本ができてしまった。舞台芸術専攻の現役の学生、卒業生、文芸学部の教職員も、おそらく信じがたい思いで、この本を手にしていることだろう。

五月の連休明けに、TOP演習というゼミで、何か形にできる企画がないかと思い、学生たちと、芸術のあり方、教育の困難さ、大学の進むべき方向などをとめどもなく話し合っているうちに、この内容をテーマにした本が出版できないかと思いついた。「本をつくろう」と提案したのはわたしだが、実現できたのは、学生に背中を押されたからである。そもそもこんな無謀な提案をしたのも、今回の受講生の顔触れを見て、かなりの確信をあったからだ。十数人のメンバーの中で、文章が書けそうな学生が何人もいたし、プロジェクトを進めていく上で、駆動させてくれる活発な学生もいた。目立たないところで地道に下支えしてくれる学生も存在した。前期のうちは、彼（女）らの能力は目に見える形にはならなかったが、企画が立てられていくうちに、適材が次々と適所に嵌め込まれていったように思う。

この本は結果として、わたしの退職と重なることとなった。退職を学生に告げたのは前期の終わる七月に入ってからであり、学生の驚きも大きかったが、それならばということで、在職十八年を総括する企画も入れることになった。最初から退職に合わせて記念論集をつくろうと構想したわけではない。実際に、本の形が見え始めたのは、九月の合宿後である。学生四人と編集者をともなって奈良の温泉宿に行き、六、七時間の語り下ろしを行なった。このテープ起こしはすべて学生の手による。

だがその後、本書の内容は二転三転した。当初、予定していた学生による五本の特集記事の内、二本が落ち、代わって、学生座談会を急遽入れることにした。メンバーは学生の他薦とわたしによる指名が半々である。学生だけに任せるわけではない。かといって、すべてをわたしが決定するのでもない。微妙な歩み寄りと絶妙なバランスの中で、「持ちつ持たれつ」の関係を探っていくことが、学生と教師の共同作業なのだ。

第三部は、わたしの近過去の未発表原稿を載せてもらった。結果として、わたしの近大在籍の総括の彩りが強くなってしまった点はお許しいただきたい。

本の出版経験があり、本作りに慣れているわたしと違って学生たちは、初めて本の製作に関わることになった。何がどう進行していくのか、雲を摑むような感触のまま、作業していったのではないだろうか。型があってこそ、型破りが出来る。「型」を知る「先人」とともに、「後人たち」が型をつくることから始めたら、型にはまらない。その結果、前例のない本ができた。

もし学生諸君が「やって良かった」という思いを抱いてくれたとしたら、わたし自身、最後の良い「授業」が出来たと思えるだろう。

多くの人たちに支えられて本書が世に出ることになった。なかでももっとも尽力してくれた二人の学生に編集後記を書いてもらった。小田嶋君は語り下ろしの原稿の取りまとめを、中瀬さんは年表やチラシの作成を担当してもらった。こんな型破りな本を編集してくれた森下雄二郎さんには、本当に感謝に耐えない。

編者として　西堂行人

出版記念＋最終トークのチラシ
（企画・主催＝ＴＯＰ演習）

2013 年度

5月	岡山市で「唐十郎展」で連日対談（3~4日）	演劇学者・河竹登志夫、死去（6日）
7月 8月	韓国・牛島でキム・アラ演出『地の駅』観劇 密陽フェスでシンポジウム「ゆっくりの美学」に参加	
9月	金沢で「太田省吾リーディング」連続4作品上演（15~16日） 文芸学部FD研修会で「僕が育った時代、それから40年経って…」講演（24日）	
11月	美術家・演出家やなぎみわ、講演会（19日）	
12月	明治学院大学でシンポジウム「演劇の核とは何か」に企画で参加（14日）	特定秘密保護法案成立（6日）
1月	大阪芸大・山本健翔を招いて「ここから始まる大学・演劇・教育」を公開対談（23日）	
3月	八戸ノ里で転倒、両手骨折する（8日） 『僕らが生きた時代　1973~2013』出版記念会（29日）	舞台美術の朝倉摂、死去（27日）

2014 年度

4月	◎近大、受験生日本一に。新アート館完成 ◎グランフロント大阪に「近畿大学水産研究所」開店	消費税が5%から8%に増税
5月		寺山記念館の館長・九条今日子、死去（5日）
6月	「世界演劇講座Ⅸ」を伊丹アイホールに会場を移し継続	黒テントの俳優・斎藤晴彦、死去（28日） イスラム教スンニ派武装組織ISIL（IS）が国家の樹立を宣言（29日）
7月	スイス・ドイツ旅行（11~16日）	
8月	金沢芸術村で「ドラマティック・リーディング ~ 太田省吾戯曲集より」（23~24日） ギリシア旅行（27日）	
9月	ソウルで『小町風伝』を観て、李潤澤氏とシンポジウム（30日）	第二次安倍改造内閣発足 香港反政府デモ（28日）
11月	永井愛さんのセミナー開催（6日）	
1月	TOP演習企画で阪本洋三教授トーク「文化をプロデュースする」	
3月	ミュンヘンで震災をめぐる公演とトークで口頭発表（14日）	

2015 年度

5月		劇評家・元朝日新聞の扇田昭彦、急逝（22日）
6月 7月	シアタークリティック・ナウ '15で「劇評とジャーナリズム」（26日）	女子ワールドカップ・サッカーでなでしこジャパン、準優勝
8月		「戦争法案に反対する国会前抗議行動」が激化
9月		ラグビー、W杯で日本、南アを破る殊勲（19日）
11月	『[証言]日本のアングラ』刊行 ◎ビッグアイで障碍者とのコラボによる卒舞公演（23日）	

1月	◎柄谷行人、講演会「世界史の構造」(18日) 松本雄吉、「20世紀演劇を語る」A301教室にて(21日) 早大小野講堂にて「仮設劇場の魅力」を建築家・大塚聡氏と対談(25日)	
3月		東日本大震災(11日)

2011年度

4月	◎総合社会学部・総合社会学科開設 ◎クロマグロの完全養殖の事業化	
5月	劇評講座「震災後の演劇を語る」(8日)	米軍、国際テロ組織アルカイダの最高指導者オサマ・ビン・ラディン殺害
6月		復興基本法成立・復興庁新設 ドイツで脱原発法案可決
7月	武蔵73会発足(3日) 近畿大学公開講座「危機の置ける演劇の役割」(9日) 飴屋法水講演会(19日)	FIFA女子ワールドカップドイツ大会で日本初優勝
9月		野田内閣発足
10月	鳥取大学で「大人の芸術大学」の講師(9~10日)	劇作家・斎藤憐、死去(12日)
11月	第27回京都賞授賞式、晩餐会(27日)	
1月		音楽家・林光、死去(5日)
2月	◎「卒論を読む会」に教員による「講評会」始まる(2日) 李潤澤演出『小町風伝』の日本人版初演	
3月	AICT世界大会、ワルシャワで開催	思想家・吉本隆明、死去(16日)

2012年度

4月	◎建築学部開設 ◎自己点検評価制度・FD研修などが始まる	
5月	韓国釜山にて『小町風伝』韓国版とシンポジウムに参加	
6月	日本演劇学会を開催・「現代演劇と批判的想像力」(15~17日)	
7月		ロンドン五輪開幕(27日)
8月	高校演劇全国大会、富山で開催・審査員を務める 10年ぶりの卒論合宿を洞川温泉で(27~28日)	
9月		中国全土で尖閣諸島国有化に反発して反日デモ
10月		石川裕人、死去(11日) 若松孝二、死去(18日) リビア反体制派カダフィ大佐を殺害
11月	『僕らが育った時代　1967~1973』刊行と出版記念会(10日)	
12月	◎TOP演習で芸術監督制度をめぐって議論活発に	第46回衆議院議員総選挙で自民党与党奪還(16日) 金正日死去、後継者に金正恩と発表(17日)
2月		ドイツ演劇学者の岩淵達治、死去(7日) 朴槿恵が韓国大統領に就任
3月	東京都北区文士村の雑学大学で講義	

2008 年度

4 月	『演劇は可能か』刊行（10 日） ソフィアにて AICT 世界会議出席（13~19 日）	
9 月	劇評講座で新国立劇場、芸術監督問題のシンポジウム（14 日）	リーマン・ショック 麻生内閣発足
10 月		南部洋一郎、小林誠、益川敏英、ノーベル物理学賞受賞（7 日） 下村脩がノーベル化学賞受賞（8 日）
11 月	唐十郎演劇塾研究公演『少女仮面』（14~16 日）	バラク・オバマ第 44 代アメリカ合衆国大統領に当選（4 日）
12 月	第 8 回朝日舞台芸術賞選考会（16 日）	
1 月	文芸フェスタで唐十郎・奥泉光対談（20 日）	
3 月	朝日舞台芸術賞休止 「フェスティバル / トーキョー」（F/T）の「大学 / 演劇」に『少女仮面』招聘公演（28~29 日） ポーランドのヨーロッパ演劇賞に参加	

2009 年度

4 月	〈Thinking through the Body（身体から考える）〉を発表（1 日） 座・高円寺、開場（26 日）	
5 月		裁判員制度開始
9 月		竹内敏晴、死去（7 日）
10 月	編著「80 年代——小劇場演劇の展開」刊行	
11 月	世界演劇講座「番外編」が始まる 唐十郎演劇塾公演『腰巻お仙』（21~23 日） F/T に再び参加（2~3 日）	
1 月	唐十郎特任教授、最終講義（19 日）	
2 月	ソウルにて「日本戯曲リーディング」（21~25 日） 「韓国演劇ジャーナル」誌で金亨起氏と対談「歴史の描き方」	

2010 年度

4 月	◎高校生のための舞台芸術講座開始 ◎観劇助成始める・父母懇談会も ◎京都賞の選考員になる	井上ひさし、死去（9 日）
6 月	第三次「シアターアーツ」始まる・編集長に就任	大野一雄、死去（1 日） 菅直人内閣発足 ワールドカップ南アフリカ大会始まる
7 月		劇作家・小説家つかこうへい、死去（12 日）
8 月	宮崎県で高校演劇全国大会の審査を担当（1~6 日）	民主党が第 45 回衆議院総選挙で第 1 党に躍進（30 日）
9 月	三井記念病院で白内障の手術を受ける	鳩山内閣発足 劇作家・劇団黒テントの山元清多、死去（12 日）
10 月		鈴木章、根岸英一ノーベル化学賞受賞
11 月	アジアの劇評家の会議「国際共同制作と批評家の役割」（21~24 日）	

9月	◎卒業公演『唐版・風の又三郎』(松本修演出) (『ゴドーを待ちながら』と二本立て) 精華小劇場、オープン	
11月	高校演劇近畿大会審査(27~28日)	
2月	第三回近大フェスティバル(唐十郎フェス)開幕(26日)	
3月	クロージング・シンポジウムでフェス終了(6日)	

2005年度

4月	唐十郎客員教授就任・特別講義(13日) 『韓国演劇への旅』刊行 紀伊国屋書店・書評ブログ「書評空間」開始	JR福知山線脱線事故(25日)
6月	第二次「シアターアーツ」2004夏号・発刊(編集代表) 京都造形大春秋座『聞こえる、あなた?』(太田省吾作・演出)後にシンポジウム参加(19日)	
7月	アヴィニョン・フェスティバル観劇 ヤン・ファーブルがゲスト・ディレクターに	
1月	唐十郎特別講義(第8回)で終了(19日) 「演出家の仕事—60年代・アングラ・演劇革命」(日本演出者協会+西堂編)刊行	

2006年度

4月	教授に就任 ◎専攻名を「舞台芸術専攻」に改称(コース制から3つの系へ移行)	
6月	対豪州、クロアチア戦を現地で観戦	ドイツでワールドカップ開催
7月	AICT総会で、扇田昭彦会長から第六代目会長を継承	
9月		第一次・安倍晋三内閣発足
10月	舞台芸術専攻の主任に 日本橋近大会館で国際人文科学研究所企画「世界演劇講座」開講(12日) ソウルにてAICT世界大会開催(21~25日)	
11月	嘉穂劇場にて産業理工学部40周年記念トークで、唐十郎、松本修両氏と登壇(17日)	
12月	『劇的クロニクル』『現代演劇の条件』同時刊行(5日) 『少女都市からの呼び声』授業公演(21~23日)	木下順二の訃報出る(1日) サダム・フセイン元大統領死刑
3月		インターネット検索大手Google携帯電話提供開始

2007年度

4月	◎総合医療センターを開設・創薬科学科設置 ◎経済学部に国際経済学科 ◎経営学部に会計学科を開設。英語村開設 唐十郎演劇塾開講	
7月		太田省吾、死去(13日)
9月		思想家・哲学者、小阪修平、死去(27日)
12月	朝日舞台芸術賞の選考委員を引き受ける	
2月	唐十郎演劇塾研究公演『動物園の消える日』(22~24日)	

5月	モントリオールのAICT国際会議にて発表〈Deconstructing text〉(30日)	雑誌「PT」休刊 世田谷パブリックシアター改組
9月	カイロ「実験演劇祭」にて発表(3日)	アメリカ同時多発テロ事件(9・11テロ)(11日)
10月	◎AO入試が始まる(6日)	アメリカ軍によるアフガニスタン侵攻開始
11月	ロンドンで解体社『バイバイ』をICAで観てトーク(1日) 大阪府高校演劇研究大会で初審査(17~18日)	
1月		ユーロ紙幣、ユーロ硬貨の流通開始
2月	◎第1回近大芸術フェス開催(22日~3月3日)	

2002年度

4月	◎教養部を解体・語学教育部と健康スポーツ教育センターを設置。 金沢でHMワークショップ開始(27日)(以後4回開催)	ゆとり教育開始
5月	ソウルのシンポジウム参加後、開幕戦観戦	日韓ワールドカップ開幕(31日)
6月	◎クロマグロの完全養殖成功	
7月	卒論合宿で維新派、犬島ツアー(26~27日)	
8月	「かなざわ演劇祭~ハイナー・ミュラー/ザ・ワールド(HM/W)」開催(26日)	
10月	初めての「日韓ドラマーリーディング」開催 シンポジウム「日韓新時代」(13日)で司会 ハンス=ティース・レーマン著『ポストドラマ演劇』の翻訳出る。 『ドラマティストの肖像』刊行 ドイツ文化センターでシンポジウム「ハイナー・ミュラー後の演劇」(26日)	田中耕一がノーベル化学賞・小柴昌俊がノーベル物理学賞を受賞 北朝鮮に拉致された日本人5人が24年ぶりに帰国
12月	第二回近大フェスの公募締め切る(21日)	
2月	秋吉台芸術村で「舞台芸術フォーラム;ブリッジ」に参加。学生も同行(15~6日)	
3月	第二回近大フェス開始(13~16日) アート館開場	米国、イラク空爆開始・イラク戦争始まる(19日)

2003年度

4月	大阪城公園にて唐組紅テント公演『泥人魚』、ゲネプロ観劇(17日)	
6月	◎E館取り壊し問題起こる	劇作家・岸田理生、死去(28日)
8月	E館閉館パーティー(13日)	
10月	東京で「HM/W」開始(24日) オープニング・シンポジウムでレーマン氏を招聘(26日)	
12月	3ヵ月に及ぶフェスティバル、終幕 シンポジウム「ハイナー・ミュラーは終わらない」(23日)	
1月	第二次「シアターアーツ」編集部を始動	自衛隊、イラクに派遣開始
2月	新世界フィジカルシアター・フェスティバル開催(20~29日)	

2004年度

4月	◎商経学部を経済学部・経営学部に分離 オープンキャンパス開始	
8月	金沢で「HMサミット」(6~8日)	アテネ五輪開幕 種村季弘、死去(29日)

年表

1998 年度

	西堂／◎近大・舞台芸術専攻関係	国内外の出来事
4 月	近畿大学文芸学部講師に就任	
6 月		FIFA ワールドカップ開幕
7 月	◎太田省吾教授、専攻会議で退任を表明	黒澤明、死去（6 日）
8 月	ギリシア、トルコ、キプロス旅行（28 日~9 月 11 日）	
9 月	「太田省吾の世界」が始まる	
10 月	◎松本雄吉（維新派）を授業に呼ぶ（23 日）	
1 月	京都アトリエ劇研で演劇祭始まる（審査員で関わる）	イェジィ・グロトフスキ、死去（14 日）
3 月	『ハイナー・ミュラーと世界演劇』刊行	映画監督スタンリー・キューブリック、死去（9 日）

1999 年度

4 月	◎専攻にコース制；演技＋劇作・理論コースに編成替え	
5 月	◎坂手洋二、来校。A301 教室で講演（7 日）	
6 月	◎土田英生、講演会（25 日）	
8 月		国旗国歌法成立（9 日）
9 月	◎ E キャンパス塗装場（旧アート館）で『チェーホフ・オムニバス』公演	
12 月	湘南台市民シアターで「日本の演劇　1909~1999」（太田省吾企画）開始（12 日）企画に関わる 種村季弘（独文学）、日本文学の招きで講演会（17 日）	
3 月	ソウル・ツアーに学生同行 卒業式で「近大演劇 2000」創刊号出来（18 日） パリ「ハイナー・ミュラー国際会議」にてシンポジウム参加（24 日）	

2000 年度

4 月	◎基礎ゼミ開始	
9 月		シドニー五輪開幕（15 日）
10 月	『ハイナー・ミュラーと世界演劇』で AICT 賞授賞 「シアタークリティック・ナウ 2000」で受賞記念講演（4 日）	金大中韓国大統領、ノーベル平和賞受賞 早大教授・安堂信也、死去（18 日）
12 月	◎呉泰錫（韓国・劇作家）、講演会（5 日） 大阪でアジア演劇祭	劇作家・如月小春、死去（20 日）
1 月		ジョージ・W・ブッシュがアメリカ合衆国大統領就任（20 日）
2 月	第三回アジア女性演劇会議、始まる（15 日）	
3 月		ユニバーサル・スタジオ・ジャパンが大阪に開場（11 日）

2001 年度

4 月	助教授就任 京都造形芸術大学、スタジオ 21、『更地』（太田省吾作・演出）でオープン	小泉純一郎が日本の第 87 代総理に就任

【TOPsメンバー】

- 川村美乃理《かわむらみのり》
- 木崎愛美《きざきあみ》
- 幸田美帆子《こうだみほこ》
- 小田嶋《こだしま》 源《みなと》
- 後藤園佳《ごとうそのか》
- 駒川《こまがわ》　梓《あずさ》
- 清水風花《しみずふうか》
- 竹山知里《たけやまちさと》
- 辻宅《つじたく》　良《りょう》
- 中瀬良衣《なかせよい》
- 中田美咲《なかたみさき》
- 温井真夫《ぬくいまさお》
- 平澤慧美《ひらさわさとみ》
- 堀江将司《ほりえまさし》
- 吉田《よしだ》　陽《みなみ》
- 余根田三奈《よねだみな》

（五十音順）

（写真＝石塚洋史）

西堂行人（にしどう・こうじん）
1954年東京生まれ。演劇評論家。2016年3月をもって18年間在職した近畿大学を退職。1978年より批評活動を開始し、アングラ・小劇場運動に随伴しつつ、80年代後半より世界演劇に視野を広げ、90年代以降、韓国演劇、ドイツ演劇などを中心に独自の世界演劇論を展開する。「共創空間」「ＰＴ」「シアターアーツ」など演劇雑誌の編集にも関わり、2000年代は、第二次「シアターアーツ」を再創刊し、編集代表に。国際評論家協会日本センターの会長（2006～2012年）、日韓演劇交流センターの副会長（2003年～現在）を務める。2002年と03年に、金沢と東京で「ハイナー・ミュラー／ザ・ワールド」、2010年にアジアの劇評家の会議「国際共同制作と批評家の役割」を開催、実行委員長を務める。2012年に近畿大で日本演劇学会開催。2006年より「世界演劇講座」を日本橋・近大会館で開講、現在は伊丹アイホールにて継続中。
著書に『演劇思想の冒険』『小劇場は死滅したか』『ハイナー・ミュラーと世界演劇』『韓国演劇への旅』『劇的クロニクル』『現代演劇の条件』『演劇は可能か』など著書多数。近著に『［証言］日本のアングラ――演劇革命の旗手たち』がある。読売演劇大賞、朝日舞台芸術賞、京都賞などの審査員を務める。

近大はマグロだけじゃない！　Alternative KINDAI

2016年2月5日　初版第1刷印刷
2016年2月15日　初版第1刷発行

編　者　西堂行人× TOPs
発行者　森下紀夫
発行所　論 創 社
東京都千代田区神田神保町 2-23　北井ビル
tel. 03（3264）5254　fax. 03（3264）5232　web. http://www.ronso.co.jp/
振替口座　00160-1-155266
装幀／宗利淳一
印刷・製本／中央精版印刷　組版／フレックスアート
ISBN978-4-8460-1505-3